書き込み式！

親の 入院・介護・ 亡くなった時に

備えておく情報ノート

一般社団法人
介護離職防止対策促進機構
アドバイザー／ジャーナリスト
村田くみ

翔泳社 eco Project のご案内

株式会社 翔泳社では地球にやさしい本づくりを目指します。
制作工程において以下の基準を定め、このうち4項目以上を満たしたものをエコロジー製品と位置づけ、
シンボルマークをつけています。

資材	基準	期待される効果	本書採用
装丁用紙	無塩素漂白パルプ使用紙 あるいは 再生循環資源を利用した紙	有毒な有機塩素化合物発生の軽減（無塩素漂白パルプ）資源の再生循環促進（再生循環資源紙）	○
本文用紙	材料の一部に無塩素漂白パルプ あるいは 古紙を利用	有毒な有機塩素化合物発生の軽減（無塩素漂白パルプ）ごみ減量・資源の有効活用（再生紙）	○
製版	CTP（フィルムを介さずデータから直接プレートを作製する方法）	枯渇資源（原油）の保護、産業廃棄物排出量の減少	○
印刷インキ*	植物油を含んだインキ	枯渇資源（原油）の保護、生産可能な農業資源の有効利用	○
製本メルト	難細裂化ホットメルト	細裂化しないために再生紙生産時に不純物としての回収が容易	
装丁加工	植物性樹脂フィルムを使用した加工 あるいは フィルム無使用加工	枯渇資源（原油）の保護、生産可能な農業資源の有効利用	

＊：パール、メタリック、蛍光インキを除く

本書内容に関するお問い合わせについて

本書に関するご質問、正誤表については、下記のWebサイトをご参照ください。

　　お問い合わせ　　http://www.shoeisha.co.jp/book/qa/
　　正誤表　　　　　http://www.shoeisha.co.jp/book/errata/

インターネットをご利用でない場合は、FAXまたは郵便で、下記にお問い合わせください。

　　〒160-0006　東京都新宿区舟町 5
　　（株）翔泳社 愛読者サービスセンター
　　FAX番号：03-5362-3818

電話でのご質問は、お受けしておりません。

●免責事項
※本書の記載内容は、2016年10月現在の法令等に基づいています。
※本書の運用によって発生したいかなる損害について、著者および出版社は一切の責任を負いかねます。
※本書の出版にあたっては正確な記述に努めましたが、著者および出版社のいずれも、本書の内容に対してなんらかの保証をするものではありません。
※本書に記載されたURL等は予告なく変更される場合があります。
※本書に記載されている会社名、製品名はそれぞれ各社の商標および登録商標です。
※本書では™、®、©は割愛させていただいております。

はじめに

「親が倒れたらどうしよう！」と、将来を案じながらも、「まだ大丈夫だ」と思い込んでいる人が多いと思います。しかし、親の"もしも"はある日、突然やってきます。

私自身、母の衰えや体調不良にはまったく気にせず、自分の仕事のことばかり考えていた典型的な"パラサイトシングル"でした。

仕事から帰ってきたある日"もしも"は起こりました。いつものように午後9時過ぎに帰宅するといつもの「おかえりー」という声が聞こえてこない。おかしいと思い、寝室をのぞくと、ふとんの横で口から泡を吹いて母が倒れていました。父が他界して母娘ふたりの生活がスタートして1年が過ぎた頃。すぐに、救急車を呼び緊急入院をしました。診断結果は「急性心不全」。後に2週間ほど生死をさまよい、奇跡的に回復しましたが、身体機能が落ちてしまい介護が必要になりました。

もともと母は高血圧、糖尿病という持病を持っていて、父が死んでから食欲がなくなってしまい、ひどい貧血の状態でした。当時の私は、「精神的な落ち込みからくるものだろう」と、体調不良には気にもとめませんでした。

「もう少しあの時、体調の異変に対処しておけば……」と、後日猛省しました。

今から約8年半前の出来事です。

私は週刊誌記者なので、お得なサービスや制度は自分自身で調べる習慣がついていました。時間や労力、お金の「ムダ」を最小限に食い止めることはできたと思いましたが、それでも自分の貯金はかなり切り崩しました。父が他界した時も、何の準備もしていませんでした。"もしも"の時のために、親が元気なうちに情報を集めておけば、お金の「ムダ」は少しでも省けたのではないかとずいぶん悔やみました。

この本は、そんな私の体験から、親が倒れてから起こりうる出来事を時系列に、入院、介護、看取り、認知症、相続などでの対応を、すべてわかるようにしました。

医療や介護の制度だけでなく、親戚との付き合いや交友関係、エンディングに対する考えなどを、できるだけ親御さんに聞いておくことをお勧めします。そして、親御さんが高齢になって「心配だけど何をしたらいいのかわからない」という皆さまに、少しでもお役に立っていただけたら幸いです。

2016年11月

村田くみ

親が倒れてからでは遅い！

病院に搬送するのが遅くなる

　親が倒れた時、救急車を呼んで運んだらいいのか、自家用車で連れて行ったらいいのか、素人では判断がつかず「どうしよう」とパニックに陥ってしまいます。私自身も母が夜に倒れた時、急性心不全だとは気づかず、「消化不良で胃液を戻した」と勝手に判断して、かかりつけ医に電話をしました。そこで、「今から診ることは可能ですがご自身で病院に来てください」と言われたので、救急車を使ってかかりつけ医の病院まで連れて行こうと思ったのです。ところが、救急隊に「お嬢さん大変です。これは消化不良ではなく急性心不全の症状が出ています」と言われて、慌てて救急病院に行き先を変更しました。しかし、搬送先の救急病院が見つからず、たらい回しにあってしまいました。病院に搬送された時間がもう少し遅かったら助からなかったと思うと、ぞっとしました。ふだんから親の「かかりつけ医」とは、夜間倒れた時の"もしも"について話し合っておくべきだと思いました。

手続きが一度で済まない

「保険証」はタンスの引き出しをひっくり返して探し出しましたが、ほかのことは全部後回し。母は回復しても、しばらくは会話が成り立たない状態が続いたので、「ふだんどんな薬を飲んでいる」「ほかにかかっている病院」などの医療情報は、同居していたのに、まったく知りませんでした。元気なうちに聞いておけばよかったと思うことのひとつです。

お金がいくらあっても足りない

　親の個人情報はまったく知らなかったので、メインバンクがどの銀行なのかもわからず、入院時の保証金や医療費、入院中に使ったタオル類や寝具のリース料はすべて私が立て替えました。当時、母は「暗証番号が覚えられない」と言ってキャッシュカードを作っていませんでした。わざわざ印鑑と通帳を持って行って銀行の窓口でお金をおろしていたので、私はキャッシュカードを作ることから始めました。立て替えるのにも限度がありますので、"もしも"の時は、親の銀行口座からお金を引き出せるように、元気なうちから話し合っておきましょう。

子どもが立て替えるかもしれないお金

　入院費用／生活費用／新聞代など口座振替にしていない支払いなど

親の情報を聞き出すタイミングが大事

　元気なうちに「看取り」や「相続」の話を切り出すと「不謹慎だ」「親のお金を狙っているのか」と思われてかえって逆効果です。でも内心、親たち自身も「自分たちが倒れたらどうしよう」と思っているはずなので、タイミングを見計らって話を少しずつ進めてみましょう。

タイミング1　まずは兄弟姉妹、親しい友人が病に倒れた時

　親の兄弟姉妹や親しい友人が入院して、親自身がお見舞いに出かけた時など、入院する際の情報を聞き出す絶好のタイミングです。その時に、退院した後の生活をどうしたいのか話し合っておきましょう。

タイミング2　お盆やお正月、GWなど家族が集まる時

　家族が一堂に集まる時に、ほかのきょうだいと意見を交わしておくと、"もしも"の時に連携できます。その時も、いきなりお葬式のことを切り出すと「縁起でもない」と機嫌を損ねてしまいます。そこで、親戚や親しい人の近況を聞いてみましょう。「そういえば仲良しの○○さんは元気？」「じつはこの間、病気で入院してね」などという会話が出てきたら、話をするいいタイミング。入院やその後の看取りの希望まで、無理のない範囲で聞いておきましょう。

タイミング3　兄弟姉妹、親しい友人が旅立った時

　最も聞きにくいのは「看取り」と「相続」に関する話題です。親自身が仕事や趣味に忙しくしていると、話を仕向けたとしても「わからない」と言われてしまうかもしれません。やはり、身近な人が亡くなった時に、「うちの宗教や家紋は何？」「お墓はどうする？」と話を振ってみて、それから「お父さん（お母さん）自身はどうしたいの？」と切り出してみると、話が発展するかもしれません。ただし気をつけたいのは、片方の親が死去した時。残された親は精神的に落ち込んでいることもあるので、様子をみましょう。

　いずれにしても、一度に全部を聞き出そうとしないで、少しずつ情報を集めること。そのためにも、ふだんから親だけでなく、きょうだいともコミュニケーションを取ることが大事です。

本書の使い方

　本書は、親が元気なうちに情報を集めておくための「書き込み式ノート」です。大きく6つのPartで構成しています。

- Part1　意外に知らない親のこと　……　親についての基本情報
- Part2　救急時・入院時に必要なこと　……　病歴や医療に関する話
- Part3　もしも「介護」が必要になったら　……　介護に関する話
- Part4　親戚や交友関係は？　……　冠婚葬祭ルールや付け届けの話
- Part5　もし「その時」が来たら　……　最期の過ごし方や葬儀の話
- Part6　財産について聞いておこう　……　お金の話

　いずれも子が知っておくべき大切なことばかりですが、かといって本書を親の前で広げて、頭から一つひとつ無遠慮に聞いていくことはオススメしません。

　親に会った時、帰省した時に少しずつ、そしてこれが重要ですが親が元気なうちに、聞きやすいところから聞いていただきたいと思います。

　また、本書は、単なる書き込みノートではありません。たとえば介護とお金に関する話など、事前に知っておきたい情報を厳選し、盛り込んでいます。さらに書き込む情報についても、「その情報が、どういう時に、なぜ必要か」もポイント解説しています。

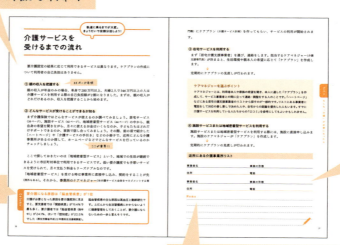

親から聞いた話は、そのあたりにあるチラシやメモに書いておいて、後で本書に書き写してもよいですし、書き写すのが面倒であれば、本書にはさんだり貼ったりしてもよいでしょう。
　「次に会ったら、どんなことを聞いてみよう」など、親とのコミュニケーションツールとしてもご利用いただけます。

「書き込み欄」の一部をダウンロードご提供!

「書き込み欄」は、本書だけでは足りないかもしれません。ダウンロードマークがある「書き込み欄」は、Webから「書き込みシート」をダウンロードしてご利用いただけます。

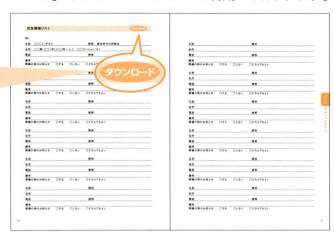

このマークがあるところは、欄が足りなくなったら「書き込み欄」をダウンロードして利用できます。
注；ただし、デザインは本書とは異なります。

ダウンロードページ
http://www.shoeisha.co.jp/book/download/9784798149165

① 上記ダウンロードページにアクセスしてください。
② 「書き込みシート」というリンクから、ファイルをダウンロードしていただけます。
　※圧縮ファイルが自動的に解凍されない場合は、解凍してください。Windowsの場合、圧縮ファイルを右クリックして[すべて展開]をクリックし、表示されるダイアログの[展開]ボタンをクリックします。
③ ファイルはPDF形式です。必要に応じて印刷してご利用ください。
　※PDFファイルのご利用には、Adobe Readerが必要です。本書では、PDFファイルの操作方法については解説しておりません。

＜免責事項＞
　本書に書き込む内容は個人情報が多く含まれます。書き込みされた後の取り扱いには十分ご注意ください。情報を記載した本書および「書き込みシート」の紛失、盗難などいかなる理由によって発生した損害について、著者および出版社は一切の責任を負いかねますので、ご了承ください。

Contents

はじめに　3
親が倒れてからでは遅い！　4
親の情報を聞き出すタイミングが大事　5
本書の使い方　6

Part 1

意外に知らない親のこと

親の基本データはもしもの時の基本の"き"　12
　基本情報
入院や施設入所のため親の個人情報を把握　13
　身分証明に必要なもの
親の好きなものを知っておく　14
　服など／靴／食べ物の好み
大事なペットはどこに預ける?　17
　ペットの基本情報／かかりつけの動物病院／預かってくれる施設・人

Part 2

救急時・入院時に必要なこと

突然入院することになった時の医療情報をまとめておこう　20
　親の健康状態／かかりつけの病院・歯科医
過去にかかった病気・手術歴　21
　病気・手術歴／飲んでいる薬・サプリ／アレルギーの有・無／お薬手帳の保管場所
知っておきたい医療とお金の知識①　24
入院時に必要なのは「お金と保証人」　25
　保証人／緊急時の連絡先
入院する時こんな時はどうする?　27
知っておきたい医療とお金の知識②　28
もしもの時に慌てないための医者にかかる10カ条　30
親の病気で家族が共有したいこと　31
退院を告げられたらどうする?　32

Part 3

もしも「介護」が必要になったら

介護が必要になったらどうしたらいい?	34
地域包括支援センターの場所	
介護サービスを受けるまでの流れ	36
近所にある介護事業所リスト	
介護保険で受けられる居宅(在宅)サービスを知ろう	38
自立した生活を送るために福祉用具を借りよう	40
介護保険以外で使えるサービス	41
入所できる施設の特徴を知っておこう!!	42
仕事と介護との両立を可能にする「地域密着型サービス」	44
「地域包括ケアシステム」の仕組みを知っておこう	46
介護で使える親の資産をチェック!!	48
月々の収入／預貯金／株や投資信託などの金融資産	
認知症について知っておこう	50
親の異変に気づく20のポイント	52
脳卒中のサインFASTを覚えよう	54

Part 4

親戚や交友関係は?

親戚関係を俯瞰しよう	56
家系図	
親戚との関係をよく聞いておく	58
兄弟姉妹の関係性	
冠婚葬祭などのルールは?	59
父方のルール／母方のルール	
贈り物、付け届け関係は?	61
贈った物／いただき物	
家紋、しきたりなど	62
家紋	
親の交友関係を知っておこう!	63
隣近所の人の付き合い／仕事関係で連絡する人／サークル活動／交友関係リスト	
買い物はどこでしている?	68
食料品／衣料品(靴、下着、洋服など)	
日用品など／よく行く場所・お店	
元気なうちに思い出を作ろう	70

Part 5

もし「その時」が来たら

項目	ページ
もしもの時の意思を確認しておこう	72
両親どちらかひとりが倒れたら／ひとりになったらどこに住みたいか	
親が「自宅での最期」を希望したら？	74
かかりつけ医の連絡先／看護師の連絡先	
告知についてどうしたいのか？	76
告知について／余命わずかになった時の過ごし方／脳死後の臓器提供・献体／相談するメンバー	
財産管理ができなくなったらどうしたらいい？	79
社会福祉協議会の場所／相談したいこと	
突然のエンディングでも慌てない!!	83
葬儀会社と生前契約をしているか／葬儀会社や会場／どんなお葬式がしたいか／宗教／喪主・施主／葬儀で使う写真／戒名／祭壇・供花／葬儀で流す曲／棺の中に入れてほしい物／棺に入る時の服装（死装束）／そのほかの要望や家族で話し合っておきたいこと／葬儀の費用／用意しているお墓があるか	
遺言書の準備や相続について	88
遺言書のあり・なし／遺言執行者／依頼をしている専門家／実際に相続する人を把握しておこう	
私物の処分はどうする？	90
形見分けしたい物	

Part 6

財産について聞いておこう

項目	ページ
親が亡くなったら何をする？	92
死後の手続きを知っておこう	94
年金の手続きはどうする？	96
国民年金の場合／厚生年金の場合／私的年金関係	
預貯金や自動引き落としもチェックしておこう	98
預貯金口座／引き落とし内容（水道光熱費）／引き落とし内容（通信費その他）	
不動産情報と有価証券など	102
株式、投資信託、債券など／不動産／保険／負債・ローン／クレジットカード	

番外編

項目	ページ
自分自身のために休みを取ろう	107

Part 1

意外に知らない親のこと

お父さん、お母さんのことどれだけ知っていますか？まずは健康保険証などの保管場所や、嗜好品や洋服、靴のサイズなどから情報収集しましょう。これらを知っておくと、入院・介護施設に入る時に役に立ちます。ペットの情報もお忘れなく！

親の基本データは
もしもの時の基本の〝き〟

> あらためて書いておくと新たな気づきがあるかも？

　親が倒れた時、あるいは介護施設を探そうとした時、基本データを押さえておくと、役所や病院などの手続きがスムーズにいきます。まずは、生年月日。和暦がすぐに出てくれば、西暦が思い出せなくても大丈夫です。親と離れて暮らしている人はすぐに連絡が取れる番号などを覚えておきましょう。

基本情報

フリガナ 名前	生年月日 昭和　　年　　月　　日
住所　〒	
本籍地	
電話番号	FAX
携帯番号	携帯メール
PCメール	

和暦はすぐ出てくる？

携帯番号は暗記していないことも多いのでは

Column　親が倒れた時でも慌てない！

親の〝もしも〟はある日突然やってきます。脳卒中や心不全など急病で倒れた後など、最近入院する期間は短くなる傾向にあるので、思うように身体を動かせないまま自宅に戻り、不便な生活を強いられるといった話をよく聞きます。入院中に、要介護認定を申請する人も多いと思います。あらゆる場面で必ず聞かれるのが「親の個人情報」です。手続きをスムーズに済ませるためにも、できるだけ多くの情報を把握しておきましょう。

Memo

> 一箇所にまとめておくと
> いざという時に便利

入院や施設入所のため親の個人情報を把握

身の回りにはたくさん身分証明書があります。親が高齢になるにつれて子が手続きを代行する場合も増えてきます。そんな時のためにも、健康保険や後期高齢者医療の被保険者証などの身分証明書を一箇所にまとめておくのはもちろん、保管場所を口頭でも確認し合っておきましょう。

身分証明に必要なもの

マイナンバー　有・無	番号
運転免許証　有・無	番号
健康保険や後期高齢者医療の被保険者証	番号
高齢受給者証　有・無	番号
介護保険被保険者証　有・無	番号
パスポート　有・無	番号
印鑑登録カード　有・無	番号
基礎年金番号	番号

> マイナンバーカードがあれば、パスポートや運転免許証は不要

> 病院の窓口で自己負担割合を示す証明書。
> 70歳になった時、75歳までの間に所属していた保険の保険者から交付される

> 65歳の誕生日前までに交付される。
> 40〜64歳の場合は、要介護認定を受けたら交付

Part 1 意外に知らない親のこと

Column 病院に行く時の持ち物を用意しておこう

病院に行く時などに備えて、診察券、保険証、お薬手帳、印鑑などをあらかじめポーチに入れておくと「忘れ物」を防ぐことができます。かかりつけの病院の予約票や血糖値、血圧を記録する手帳があれば、それらも一緒に保管しておきましょう。また"もしも"の時、気が動転するあまり「耳慣れない専門用語で説明されても理解できない！」という時のために録音機器もあると便利です。スマートフォンの録音機能アプリでも代用できます。

親の好きなものを
知っておく

> 無駄遣いを極力少なく

　親が入院した時、身の回りのものをそろえる必要があります。親の好きなもの、気に入っているもの、そしてサイズを書き込んでみましょう。代わりに買い物に行く時、あらかじめ親の情報を知っておくと、「サイズを間違えた！」などの無駄遣いを防ぐことができます。

服など

服のサイズ	S　M　L　LL
	好きな色 _____
	好きな柄 _____
下着のサイズ	（上）　S　M　L　LL　← 体調によってサイズは変わってくる
	（下）　S　M　L　LL
おむつのサイズ	S　M　L　LL　← メーカーや商品名、値段も控えておきたい
パッド	必要　不要
特記事項	例）下着のゴムはゆるくする
	例）パジャマの上着は丸首で
	_____
	_____
	_____

靴

靴のサイズ　22　22.5　23　23.5　24　24.5
　　　　　　　25　25.5　26　26.5　27　27.5　（ほか　　　）

よく買う店　（銘柄）_____

特記事項
例）革靴は不可、素材はナイロン製
例）靴下はゴムがきつくないものを

> かかとがなく、マジックテープのついた高齢者向けの靴もある

ほかに必要なもの
_____
_____

食べ物の好み

味付け

> 血糖値の血圧の数値によって、濃い味付けの食事は制限されることもある

　甘い　　嫌い　1 ……… 2 ……… 3 ……… 4 ……… 5　好き
　酸っぱい　嫌い　1 ……… 2 ……… 3 ……… 4 ……… 5　好き
　しょっぱい　嫌い　1 ……… 2 ……… 3 ……… 4 ……… 5　好き
　濃い　　嫌い　1 ……… 2 ……… 3 ……… 4 ……… 5　好き

好きな食べ物　_____

苦手な食べ物　_____

ごはんの固さ 　固め　　普通　　柔らかい　　おかゆ

Part 1　意外に知らない親のこと

Column

年齢とともに好みは変わる

最近の病院では、パジャマやタオル類はレンタルできるようになりましたが、自分で買いそろえることもあります。パジャマのサイズや院内で履く靴のサイズだけでなく、どんな色や柄の好みや、丸首や襟付きなどの形状まで聞いておきましょう。その時に、どこで買っているのかといったお店の情報も忘れずに。ただし、年齢とともに、好みは変わってきます。食事では固いものが食べられなくなってくるので、おかゆなどの選択肢も入れておくといいでしょう。たとえば、噛む力が弱くなると、好物が変わることもあります。

お役立ち情報

病後の食欲不振をフォローする「介護食」

退院して食欲が落ちた時、噛む力（嚥下機能）が衰えた時でも、栄養をしっかり摂りながら、おいしく食べられることができるのが「介護食」。歯ぐきや舌でつぶせて噛まなくてものどを通るように加工した食品です。パック入りやレトルトパウチタイプがあります。固さは食品メーカーなどで作る日本介護食品協議会が、食べやすさの4段階を決め（下図）、パッケージに表示しています。

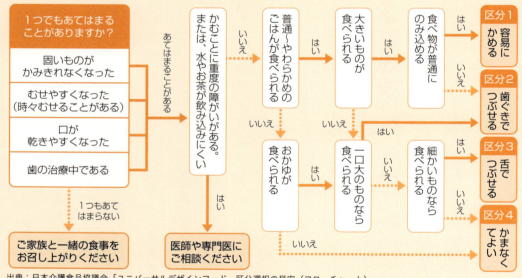

出典：日本介護食品協議会「ユニバーサルデザインフード」区分選択の目安（フローチャート）

見た目と味は、通常の食事と変わりありませんが、舌とあごでつぶせるように柔らかく加工されています。値段は1パック150円程度。パックから皿に移し、電子レンジで温めるだけなので、忙しい時、調理の手間が省けるのです。ドラッグストアやコンビニエンスストアなどで手軽に入手できます。

Memo

> 急な留守中でも対応
> してくれるところを探そう

大事なペットは
どこに預ける?

　親が共に暮らすペットは家族も同然です。離れて暮らす親が入院した時、数日なら大事なペットを問題なく預かることができても、長期ともなればいろいろなトラブルが出てくることも考えられます。

　親の代わりにペットの世話をしなければならない時のために、基本情報や預かってくれるところを聞いておきましょう。

ペットの基本情報

名前	種類	性別	年齢
血統書登録番号	好きなフード	嫌いなフード	病気・ケガ
加入保険会社	保険内容	避妊・去勢手術　有　無	ワクチン接種

名前	種類	性別	年齢
血統書登録番号	好きなフード	嫌いなフード	病気・ケガ
加入保険会社	保険内容	避妊・去勢手術　有　無	ワクチン接種

名前	種類	性別	年齢
血統書登録番号	好きなフード	嫌いなフード	病気・ケガ
加入保険会社	保険内容	避妊・去勢手術　有　無	ワクチン接種

名前	種類	性別	年齢
血統書登録番号	好きなフード	嫌いなフード	病気・ケガ
加入保険会社	保険内容	避妊・去勢手術　有　無	ワクチン接種

Part 1　意外に知らない親のこと

かかりつけの動物病院

病院名	住所
電話番号	メール

病院名	住所
電話番号	メール

預かってくれる施設・人

施設名	住所
電話	メール

施設名	住所
電話	メール

預かってくれる人	住所
電話	メール

預かってくれる人	住所
電話	メール

Column

留守中ペットにも安心して過ごしてもらおう

ペットは環境が変わると、飼い主がいないストレスがかかり体調が急変することもあります。安心して過ごしてもらうためにも、ふだんの食生活や習慣を聞いておくこと。病歴やワクチン接種の有無、「ペット保険」に入っているかどうかも念のため聞いておきましょう。

Part 2

救急時・入院時に
必要なこと

急きょ親が倒れて入院、あるいは手術を受けることになった時、ほかにかかっている病院の情報や病歴など、必ず聞かれる情報があります。親に代わって子どもが医療機関に説明することになるため、元気なうちにできるだけ多くの情報を聞き出しておきましょう。

突然入院することになった時の
医療情報をまとめておこう

親が突然倒れたら、聞けない状態かもしれません

　親だけで暮らしている場合は、こうした医療情報を目の届く、冷蔵庫などに貼っておくように勧めてみましょう。また、診察券や予約票、血圧や血糖値の記録も一緒に保管しましょう。

親の健康状態　診断日　　　年　　月　　日

身長	体重
血液型	

かかりつけの病院・歯科医

通院目的	病院・診察科名	担当医師	電話

過去にかかった病気・手術歴

> 入院する時、緊急手術をする時に必ず聞かれます

別の病院に治療にかかる時、必ず聞かれるのは過去にかかったことがある病気や、手術歴、アレルギーの有無です。なるべく子どもの頃の治療歴も含めて聞いておきましょう。

病気・手術歴

病名・症状	病院	治療・入院期間
病名・症状	病院	治療・入院期間
病名・症状	病院	治療・入院期間
病名・症状	病院	治療・入院期間
病名・症状	病院	治療・入院期間
病名・症状	病院	治療・入院期間
病名・症状	病院	治療・入院期間
病名・症状	病院	治療・入院期間

Part 2 救急時・入院時に必要なこと

Column

健康診断を受けていますか?

国民健康保険、後期高齢者医療制度に加入している人は、自治体から毎年1回、健康診断を無料で受けられるといった通知が来ます。毎年、必ず受診して、数値に異常はないかチェックすることが未病の秘訣です。自治体のがん検診も部位によって数年に1度、無料で受けられます。親が受診しているか確認して、これらの診断結果もあわせてまとめて保管しておきましょう。

飲んでいる薬・サプリ

病名_____ 薬_____ 1日の量_____
病名_____ 薬_____ 1日の量_____
病名_____ 薬_____ 1日の量_____
病名_____ 薬_____ 1日の量_____
病名_____ 薬_____ 1日の量_____
病名_____ 薬_____ 1日の量_____
病名_____ 薬_____ 1日の量_____
病名_____ 薬_____ 1日の量_____
病名_____ 薬_____ 1日の量_____
病名_____ 薬_____ 1日の量_____
病名_____ 薬_____ 1日の量_____

薬局名_____ 担当者_____
電話_____ FAX_____

薬局名_____ 担当者_____
電話_____ FAX_____

薬局名_____ 担当者_____
電話_____ FAX_____

アレルギーの有・無 ← 過去にさかのぼってアレルギーを発症したことはないか、聞いてみよう

_____
_____
_____

お薬手帳の保管場所 ← 保険証や診察券と一緒にしておこう

_____
_____

Column

寝たきりの家族を病院に連れて行く時、救急車が役に立つ

緊急な場合でなくても救急車を利用できる方法があるので、知っておくと便利です。私の場合、末期がんの父が自宅で療養していた時、容体が急変して主治医に相談したことがありました。どうやって病院まで行ったらいいのかと相談したところ、「救急車を使って病院まで来てください」と言われたのです。救急車の安易な利用は社会問題になっていますが、体調が悪化して、自家用車がない、あるいはタクシーに乗せるのが困難な時などは、主治医の指示があれば利用できるのです。判断に迷ったらすぐにかかりつけ医に電話を。ほかにも、救急車を呼ぶべきかどうか判断に迷った時は、救急相談センター（#7119　東京、大阪、札幌などの場合）に相談してみてください。

救急車を呼ぶ時は	119番
救急相談センター	

お住まいの救急相談センターの番号を控えておこう

お役立ち情報

たくさん薬を飲む場合は「分包」が便利

心臓病、糖尿病、高血圧など、複数の疾病にかかっている場合は、一度にたくさんの種類の薬を飲みます。しかも朝、昼、夜と飲む量が違うと、一錠ずつ管理するのは本当に大変です。そんな時、薬局で処方せんを薬剤師さんに出す時に「分包」または「一包化してください」と言ってみましょう。一つの袋に一度に飲む分をまとめてくれます。複数の医療機関で薬をもらっている時は、薬の「飲み合わせ」があるので、必ずお薬手帳を持って行きましょう。お薬手帳は薬局で無料でもらえます。

お薬手帳

Part 2　救急時・入院時に必要なこと

Memo

知っておきたい
医療とお金の知識①

> ささいなことでも、チリも積もれば大きな損失に!!

　知らないとソンをすることがたくさんあります。特に、医療制度はよく変わるので、ポイントをしっかりと押さえておきましょう！

ポイント1　紹介状なしで大病院に行くと5000円かかる！

　地域の診療所などから「紹介状」をもらわないで大病院にかかると、窓口での負担が増えてしまいます。対象となる病院は高度な医療を提供する「特定機能病院」やベッド数が500床以上の病院です。負担額は初診の場合、5000円以上、歯科でも3000円以上にもなります。近くに「かかりつけ医」を探し、相談する体制を作りましょう。

ポイント2　お薬手帳を忘れると負担が増える

　病院や診療所から出された処方せんを薬局に持って行く時、薬剤師さんから「お薬手帳は持っていますか」と必ず聞かれます。「持っていません」と答えると、お金がかかってしまうのはご存じでしたか？　薬局は薬を出す際に、どのような薬が処方されたかを記録して、服用方法などを指導する費用として「薬剤服用歴管理指導料」という診療報酬を請求します。この料金は500円なのですが、「お薬手帳」を持参すると380円（2回目から）に下がるのです。120円の差額で、実際に窓口で支払う額は、3割負担なので40円程度ですが、忘れてばかりいると"チリも積もれば"で、負担は増えていきます。

ポイント3　薬の購入費で税金が戻る

　1年間、病院や薬局の窓口で支払った金額が一定額を超えると、確定申告で所得税の一部戻ってくる「医療費控除」制度を活用しましょう。明細書は必ずひとつにまとめて保管しておきましょう。

> 頼れる親戚がいない時は早めに対処を!!

入院時に必要なのは「お金と保証人」

　入院の手続きをする時に、患者と住所が異なる親族など「保証人」が2名、求められるケースがあります。また、手術を受ける場合は主治医から説明を受けて「同意書」にサインをします。捺印を求められることもあるので、まとまった現金と印鑑は持参しましょう。

病院に持って行くもの

現金、印鑑、保険証、お薬手帳、処方されている薬

入院保証金は5万〜10万円程度。クレジットカードではなく現金払いを求められる病院もあるので、そのあたりは確認を。

保証人

名前	住所
携帯電話	メール

名前	住所
携帯電話	メール

名前	住所
携帯電話	メール

緊急時の連絡先　　　　　　　　　　　　ダウンロード

　親の兄弟、姉妹、友達などの連絡先を聞いておき、「連絡網」を作っておくと便利。忙しくて全員に連絡できない時は、「連絡先」をコピーして、他の人に代わりに連絡してらうという方法もアリです。

名前	住所
電話	携帯
メール	関係

名前	住所
電話	携帯
メール	関係

名前	住所
電話	携帯
メール	関係

名前	住所
電話	携帯
メール	関係

名前	住所
電話	携帯
メール	関係

名前	住所
電話	携帯
メール	関係

Column: セルフメディケーション税制で税金が戻ってくる

　2017年からは「セルフメディケーション税制」がスタート。厚生労働省が指定する成分を含む市販薬を一世帯で年間1万2000円を超えて購入すると、所得税の一部が戻ってきます。対象となる品目は解熱鎮痛剤、カゼ薬、胃腸薬、腸整薬、鼻炎薬、腰痛や捻挫の湿布薬、アレルギーの目薬、殺菌・消毒薬など。商品にはマークがつけられるそうです。

　確定申告の時には「セルフメディケーション税制」の適用を受けると、現行の「医療費控除」は使えません。入院した時や歯の治療を行った時は、「医療費控除」を使ったほうが戻ってくる税金は多いかもしれません。ドラッグストアのレシートは捨てないで、取っておいて比較してみましょう。

> 困ったことは
> 専門家に相談しよう!!

入院する時
こんな時はどうする?

　保証人を立てられない、遠方に住んでいて主治医の説明に立ち会えないなど、さまざまな事情があります。そんな時、遠慮なく病院内にある「相談室」に行ってみましょう。

ポイント1　医療ソーシャルワーカーに相談しよう

　病院内には「医療連携室」「患者相談室」などが設けられていて、そこには医療ソーシャルワーカーがいます。たとえば退院後、自宅での生活が不安な時、介護施設に移れるのか、あるいはどんな介護サービスを受けられるのかといった相談や、主治医に相談しづらい医療費についても遠慮なく聞いてみましょう。

ポイント2　保証人になる親族がいない

　一般的に保証人には患者と住所が異なる2名程度の親族を立てることになります。入院時には、署名と捺印を求められることが多いのですが、親の友人でも保証人になれるケースがあります。その際、医療ケースワーカーや手続きをする事務員に相談をしてみましょう。

ポイント3　重い病気で手術をする場合、冷静になれない

　がんなど重い病気で手術をする場合、冷静に話を聞ける家族に同行を頼み、主治医の話を一緒に聞いてもらいましょう。特に、命にかかわる手術を行う時、ほかの病院に行き診断方法を納得のいくまで確認できる「セカンドオピニオン」を求めることもできます。同行してくれる家族や親族がいない時は、「日本医療コーディネーター協会」のようなプロに相談や診察同行をお願いするという方法もあります。1時間1万円程度でお金はかかりますが、納得のいく答えが出せるでしょう。

日本医療コーディネーター協会　http://www.jpmca.net/

知っておきたい医療とお金の知識②

> 出費を最小限に、使ったお金は取り戻せる!!

出費を最小限に食い止めるためにも、医療費の仕組みはしっかりと押さえておきましょう。

ポイント1　高額療養費制度で使いすぎた医療費を取り戻す

1日から月末までの医療費が高額になった場合、一定額を超えた部分が払い戻される制度です。ただし、健康保険適用外の差額ベッド代や入院時の食費は含まれません。世帯単位で合算されるため家族全員分の領収証を取っておきましょう。

高額療養費の自己負担金額一覧（厚生労働省HPより）

70歳未満

所得区分	ひと月あたりの自己負担限度額
年収約1160万円〜の人	25万2600円＋（医療費－84万2000円）×1％
年収約770万円〜約1160万円の人	16万7400円＋（医療費－55万8000円）×1％
年収約370万円〜約770万円の人	8万100円＋（医療費－26万7000円）×1％
〜年収約370万円の人	5万7600円
住民税非課税の人	3万5400円

70〜75歳未満

被保険者の所得区分	自己負担限度額	
	外来（個人ごと）	外来・入院（世帯）
現役並みの所得者（月額28万円以上で窓口負担が3割）	4万4400円	8万100円＋（総医療費－26万7000円）×1％
一般	1万2000円	4万4400円
低所得者2（住民税非課税）	8000円	2万4600円
低所得者1（住民税非課税）（※）	8000円	1万5000円

（※）年金収入のみの人は、年金受給額80万円以下など、総所得金額がゼロの人

さらに!!　直近の12カ月間に、すでに3回以上、高額療養費の支給を受けている場合は、4カ月目からはその負担上限がさらに下がります（70歳以上の「一般」および「低所得者」は適用外）。

高額療養費制度の申請手続き

　仮に30万円（3割）を医療機関の窓口で支払い、のちに高額療養費制度を申請する場合、下記のような手続きをすることになります。

① **医療機関の窓口で3割負担の医療費をいったん支払う**
② **1カ月の自己負担分が限度額を超えたら高額療養費の支給申請をする**
③ **自己負担限度額を超えた分の医療費が払い戻される**

> **申請窓口**：保険証に記載されている保険者に聞いてみましょう。国民健康保険の加入者は、市区町村の国民健康保険担当窓口で確認しましょう。
> **申請に必要なもの**：領収証、保険証、印鑑、振込口座がわかるもの（通帳など）

　後日、21万2570円の払い戻しを受けます。届け出することでお金が戻ってくるとはいえ、実際にお金を受け取ることができるのは、2〜3カ月後になります。
　高額療養費の支給を受ける権利は診療を受けた月の翌月初日から2年です。2年以内であればさかのぼって申請し、払い戻しを受けることができます。

ポイント2　一時的な負担が厳しい時は「限度額適用認定証」

　70歳未満で、医療費が高額になることが事前にわかっている人は、「限度額適用認定証」が役に立ちます。親が住む国民健康保険課あるいは組合健保などに申請して、交付された認定証を病院の窓口で提示します。

申請の手順
① **自分が加入している保険者に限度額適用認定証を申請し、交付してもらう**
② **保険者から限度額適用認定証が交付される**
③ **医療機関の窓口に限度額適用認定証を提示する**
④ **窓口では医療費の自己負担限度額までを支払う**

ポイント3　困り事はひとりで抱えないで相談しよう！

　医療のことで困った時は、自治体内にある「医療相談窓口」など、無料の電話相談を活用することをお勧めします。看護師や保健師などの資格を持っている人が、医療費や医療制度に関して適切なアドバイスをしてくれます。また、必要に応じて医療機関を紹介してもらうこともできます。自治体のホームページで連絡先をチェックしておきましょう。

もしもの時に慌てないための医者にかかる10カ条

> 適切な治療を受けるためには準備が必要

　急な入院や治療が長引きそうな時、主治医と面談する場面が増えてきます。家に帰ってから「もっとああ言えばよかった」と後悔しても遅すぎるので、親に代わって話を聞く時には準備しておくことが大事です。

1. 伝えたいことはメモして準備
2. 対話の始まりはあいさつから
3. よりよい関係づくりはあなたにも責任が
4. 自覚症状と病歴はあなたの伝える大切な情報

> 症状（いつから、どこに、どのように）、既往歴（過去の通院・入院・現在の病気・処方薬など）、そのほかにも薬のアレルギーなど、ふだんから手帳にメモしておこう

5. これからの見通しを聞きましょう

> 患者として努力できることを考えよう

6. その後の変化も伝える努力を
7. 大事なことはメモをとって確認

> 難しい病名などは、医師に頼んで書いてもらっても

8. 納得できないときは何度でも質問を

> わからないことは「わからない」と伝えよう。帰宅後、疑問が出てきたら、整理して次回受診時に聞こう

9. 医療にも不確実なことや限界がある

> 医学が進歩しても、治せない・原因のわからない病気は多くあり、医療に絶対や完璧はない。より良い治療を進めるために、互いに最善を尽くすことが大切

10. 治療方法を決めるのはあなたです

> 説明を聞いて納得した上で、どのように治療を受けていくのかを選択する。治療の効果や危険性についても相談しよう

出典：認定NPO法人 ささえあい医療人権センターCOML「新・医者にかかる10箇条」（フキダシは著者作成）

親の病気で家族が共有したいこと

> 手術や治療を決める前には
> きょうだいとも話し合おう

　親が重い病気にかかった時などは、治療や手術の方針は、医師から提示された方法に従うのではなく、「その方法でいいのか」「別のプランはないのか」と、本人の意向を聞きながら家族の間で話し合ったほうが、納得のいく結論が出ます。

病院の治療方針

　入院から退院まで、どのような治療を行うのか、医師からひと通り説明があります。そこでは病気のレベル、たとえばがんの場合であれば、進行度「ステージ」を把握することから始まり、治療の目的を聞きます。たとえばがんの治療では、摘出手術や抗がん剤、放射線治療など、さまざまな治療方法が提案されます。「その治療で適しているのか」と少しでも疑問を抱いたら、納得がいくまで家族と話し合ってみましょう。その際、「セカンドオピニオン」を受けることも選択肢のひとつです。

医師との面談は必ず子どもが同席

　治療方針やステージなど大事な相談は、面談日を事前に聞いておき、子どもも同席するようにしましょう。きょうだいに知らせておくと「私も立ち会う」と言ってくれるかもしれません。特に命にかかわる重要な話し合いの時は複数の子どもで同席したほうが、親も安心できます。

セカンドオピニオンの受け方

　がんの治療や手術の方法をめぐって「セカンドオピニオン」を活用する人が増えています。大学病院のセカンドオピニオン外来は、30分で1万円以上など、自由診療で高額な医療費がかかるケースが多いので注意が必要です。しかし、最近では都立病院や県立病院など、公立の病院の中には健康保険の自己負担が適用されることがありますので、病院のホームページなど根気よく調べてみましょう。

退院を告げられたらどうする?

　今は入院すると同時に、退院日を告げられるケースがほとんどです。その場合、疾病によって退院後の生活、療養の方法は異なってきますので、病院内の医療ケースワーカーなどと相談してみましょう。

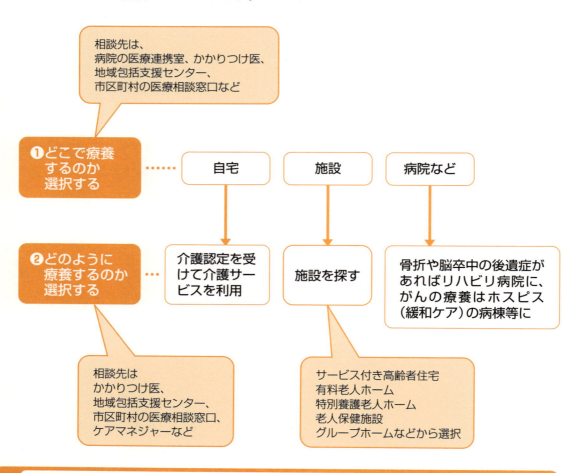

病院内の喫茶店でコーヒーブレイク

病院に行くのは気が重く、苦痛と感じる親御さんも多いと思います。最近の病院はおしゃれなレストランやコーヒーチェーン店が併設されているので、重苦しい話をした後や治療後などはあえて立ち寄ってみて、コーヒーブレイクをしてみてはいかがでしょうか。ケーキを食べながら「秋はモンブランがおいしいね」などと話題を変えてみると、重苦しい雰囲気も和らぐでしょう。

Part 3
もしも「介護」が必要になったら

2000年に介護保険制度がスタートしてから、たくさんの人たちがこの制度を利用してきました。その一方で「よくわからない」という声も聞きます。どんな介護サービスが受けられるのか把握しながら、退院した後などに介護が必要になった時のことを、親と話し合っておきましょう。

> 家族の負担は最小限に!

介護が必要になったら
どうしたらいい?

　65歳になると介護保険被保険者証が交付されますが、サービスを利用するためには「要介護認定」が必要になります。今は病気で入院してもすぐに退院を促されます。退院後、自宅で生活しやすくするために「介護サービス」を使いましょう。

介護が必要になったら → まず地域包括支援センターに行く

　地域包括支援センターとは、在宅の要介護者や家族にとっての相談窓口で、市区町村の中学校区に1つ設けられています。そこでは、要介護認定の申請やどんなケアプランを受けられるのかといった情報を教えてくれます。

　事前にどんなことを相談したいのか、自分の中でまとめておき伝えると、必要なものをそろえておいてくれます。

　介護保険の情報を得るだけでなく、「介護保険のしおり」「高齢者福祉のしおり」「介護サービス事業者のしおり」などももらっておきましょう。特に情報誌「ハートページ」を入手すると、地域の介護サービス事業者の最新情報がわかります。

地域包括支援センターの場所

住所	電話
担当者	面談の日時

地域の介護サービス情報誌「ハートページ」

小冊子「介護保険制度のご案内と高齢者保健福祉サービス」(葛飾区)

要介護認定の申請から認定までの流れ

```
自治体の相談窓口（介護保険課）または地域包括支援センター
            ↓
        申請書の提出
     被保険者、もしくは家族が申請する
            ↓
   認定調査（聞き取り調査） ＋ 主治医の意見書
            ↓
     一次判定（コンピューターによる分析）
            ↓
     二次判定（介護認定調査会による判定）
            ↓
約30日後
   ↓              ↓              ↓
要介護1〜5      要支援1〜2        非該当
   ↓              ↓              ↓
介護サービスを利用  介護予防サービスなどを利用  介護予防事業を利用
```

要介護1〜5：介護サービスを利用
居宅サービス（38ページ）か施設サービス（42ページ）、または地域密着型サービス（44ページ）を選ぶ。居宅サービスを利用する場合はケアマネジャーにケアプランを作成してもらい、プランに従いサービスを利用する。施設サービス、地域密着型サービスを利用したい場合は事業者に直接申し込む。

要支援1〜2：介護予防サービスなどを利用
地域包括支援センターの職員と相談し、介護予防サービスのケアプランを作成してもらい、プランに従いサービスを利用。また、2015〜17年にかけて訪問、通所介護のサービスは、介護保険から切り離されて、市区町村が実施する介護予防・日常生活支援総合事業に移行する。

非該当：介護予防事業を利用
地域包括支援センターの職員と相談し、介護予防の目標とこれからの取り組みについて計画を立てる。市区町村が行う介護予防・日常生活支援総合事業を利用する。

※認定の結果が納得いかない場合、認定通知を受けて60日以内に、各都道府県に設置されている「介護保険審査会」に審査請求することもできます。

Part 3　もしも「介護」が必要になったら

Column

介護は背負わない、できるだけプロにまかせるのが基本!!

親が病気や介護状態になった時は、本人の判断能力が乏しくなります。病気や治療法の説明を一緒に医師に聞くほかにも、医師やケアマネジャーなどと連絡を取る際、家族側の窓口となる「キーパーソン」（調整・交渉役）が必要になります。ただし、役割がひとりに集中すると、負担がかかってしまいます。親に介護の要望を聞いたとしても、「自宅で過ごしたい」と答える人がほとんどです。「願いをかなえてあげたい」とひとりですべて背負うのは禁物です。排せつや入浴など身体介助が必要になったら、それらは介護サービスを利用して、プロにまかせましょう。介護は育児と違い、ゴールは見えません。お金の面も含めて家族の負担は最小限にすること！　介護の期間は平均4年11カ月（約3割は4〜10年未満）というデータもあるように長期戦は必須。無理は禁物です。

介護サービスを受けるまでの流れ

> 軌道に乗るまでが大変。きょうだいで役割分担しよう!

　要介護認定の結果に応じて利用できるサービスは異なります。ケアプランの作成について利用者の自己負担はありません。

① 親の収入を把握する

> 48ページ参照

　親の収入が年金のみの場合、単身で280万円以上、夫婦2人で346万円以上の人は介護サービスを利用する際の自己負担額が2割になりました。まずは、親の収入がどれだけあるのか、収入を把握することから始めます。

② どんなサービスが受けることができるか知る

　まず介護保険ではどんなサービスが使えるのか調べてみましょう。居宅サービス（38ページ）、施設サービス（42ページ）、地域密着型サービス（44ページ）の中から、親自身の希望を聞きながら、月々に使えるお金はいくらなのか、子どもたちはどれだけサポートできるのか、家族で話し合ってみましょう。その際、前の項で紹介した「ハートページ」や「介護サービスの手引き」などの小冊子で、近所にどんな介護事業所があるのか探して、ホームページなどでどんなサービスを行っているのかチェックしましょう。

> ここが重要!!

　ここで探しておきたいのは「地域密着型サービス」という、地域での生活が継続できるように市区町村単位で利用できるサービスです。低い要介護度でも手厚いサービスを受けられて、月々支払う料金もリーズナブルなのです。
　「地域密着型サービス」を受ける時は事業所に直接申し込み、契約をすることが先（例外もある）。それから、事業所のケアマネジャー（※介護サービス全体をマネジメントする専

Column

要介護になる原因は「脳血管疾患」が1位

介護が必要となった原因を要介護度別に見ますと、要支援者では「関節疾患」が19.4%で最も多く、要介護者では「脳血管疾患（脳卒中）」が24.1%、次いで「認知症」が20.5%でした（厚生労働省平成22年国民生活基礎調査）。

脳血管疾患の主な原因は高血圧と動脈硬化です。ふだんから生活習慣病にかからないように健康管理をしておくことが、要介護にならないための一歩と言えそうです。

門職）にケアプラン（介護サービス計画）を作ってもらい、サービスの利用が開始されます。

③ 在宅サービスを利用する

まず「居宅介護支援事業者」を選び、連絡をします。担当するケアマネジャー（介護支援専門員）が決まると、生活環境や親本人の希望に応じて「ケアプラン」を作成します。
↓
定期的にケアプランの見直しが行われます。

> **ケアマネジャーを選ぶポイント**
>
> ケアマネジャーとは、利用者本人や家族の希望を聞き、本人に適した「ケアプラン」を作成して、サービス事業者との間に立って連絡・調整をする人のことです。「ハートページ」などにある居宅介護支援事業者のリストから探すのが一般的です。リストにある事業者に電話をして対応の善し悪しで決めた人や、自宅からの距離を優先した人もいます。すでに介護サービスを利用している人たちからの「口コミ」を参考にしてもよいかもしれません。

④ 施設サービスまたは地域密着型サービスを利用する

施設サービスまたは地域密着型サービスを利用する際には、施設に直接申し込みます。施設のケアマネジャーが「ケアプラン」を作成します。
↓
定期的にケアプランの見直しが行われます。

近所にある介護事業所リスト

事業者名	事業の形態
住所	電話
事業者名	事業の形態
住所	電話

Memo

介護保険で受けられる居宅（在宅）サービスを知ろう

> 要介護度が低い人は利用できる回数が少ないケアプランになります

　公的介護保険で受けられる在宅サービスは、自宅に訪問を受けるサービス、施設に通って利用するサービスや短期入所するサービスなどがあります。自己負担は1割、収入に応じて2割の範囲内で、サービスを組み合わせて使います。

【訪問サービス】自宅に訪問してもらって受けるサービス	
訪問介護（ホームヘルプサービス）	ホームヘルパーによる食事・入浴等の介護や生活援助を受ける（※）。
訪問入浴介護	浴槽を積んだ入浴車で訪問して入浴の介助を受ける。
訪問看護	家庭で看護師や保健師から床ずれの手当てや点滴の管理をしてもらう。
訪問リハビリテーション	家庭で理学療法士・作業療法士からリハビリ指導を受ける。
居宅療養管理指導	家庭で医師や歯科医師、薬剤師などから療養上の管理・指導を受ける。

【通所サービス】日帰りで施設などに出かけて受けるサービス	
通所介護（デイサービス）	デイサービスセンターで食事・入浴などの介護サービスや生活機能向上の訓練を受ける（※）。
通所リハビリテーション（デイケア）	介護老人保健施設（老人保健施設）などで機能訓練を受ける。

（※）要支援の人は市区町村が実施するサービスに移行しています。

【短期入所して受けるサービス】短期間、施設などで生活（宿泊）しながら受けるサービス	
短期入所生活介護（ショートステイ）	介護老人福祉施設（特別養護老人ホーム）などに短期間入所して、食事・入浴などの介護サービスや生活機能維持・向上訓練を受ける。
短期入所療養介護（ショートステイ）	介護老人保健施設などに短期間入所して、医学的な管理のもと、医療、介護、機能訓練を受ける。

Column

ショートステイを繰り返し使うケアプランも！

要介護度によって利用日数は決まっていますが、ショートステイを繰り返し使う方法もあります。要介護2では17～18日程度なので、半月施設で過ごして半月自宅で過ごす、というケアプランも有効です。使える日数は自治体によって異なります（107ページ参照）。

要介護と利用限度額

　それぞれの要介護度は、以下のような身体の状態が目安になり、1カ月あたりの利用限度額は大きく変わってきます。自己負担はサービスにかかった費用の1割（収入によっては2割）で、利用限度額を超えた部分は実費になります。

要介護度	身体の状態	在宅サービスの1カ月あたりの利用限度額の目安（自己負担額は1割）
要支援1	日常生活上の基本動作は、ほぼ自分で行うことが可能であるが、起き上がりや立ち上がりなどの一部を支援することにより、要介護状態となることの予防が可能	約5万30円（5003円）
要支援2	日常生活において、歩行や洗身などに不安定さが見られることが多いが、日常生活動作の一部を支援することにより、要介護状態となることの予防が可能	約10万4730円（1万473円）
要介護1	歩行や洗身などに加え、薬の内服や金銭管理に介助が必要な状態または医療的管理が必要な状態で、日常生活の一部に介助が必要	約16万6920円（1万6692円）
要介護2	立ち上がりや歩行など自力でできない場合が多い。排せつや入浴などに一部介助または全介助が必要	約19万6160円（1万9616円）
要介護3	立ち上がりや歩行など自力ではできない。排せつや入浴、衣服の着脱などに全介助が必要	約26万9310円（2万6931円）
要介護4	日常生活上の能力はかなり低下しており、排せつや入浴、衣服の着脱などに全面的な介助、食事摂取に一部介助が必要	約30万8060円（3万806円）
要介護5	日常生活上の能力は著しく低下しており、生活全般にわたって、全面的な介助が必要	約36万650円（3万6065円）

※2015年8月より年間の収入が単身で280万円未満は1割、それ以上は2割。

ケアプランの例

要介護2の場合
- 通所介護が週2回（入浴介助付き、6.5時間）
- 訪問介護が週3回（身体介護を中心に30分以上1時間未満）
- 車いすのレンタル

　要介護度が重くなると限度額が増えるので、サービスの利用回数を増やすことができます。

Memo

自立した生活を送るために福祉用具を借りよう

> 1〜2割の自己負担でレンタルできます!!

　親ができるだけ自立した生活を送ることができるように、介護保険には介護グッズのレンタルや購入を補助するサービスがあります。レンタルの対象は下記の13項目、お風呂やトイレで使う用具は購入の対象になります。利用を希望するには、ケアプランを作成しているケアマネジャーに相談しましょう。

レンタルできる介護グッズ

1. 手すり
2. スロープ
3. 歩行器
4. 歩行補助つえ
5. 車いす
6. 車いす付属品（クッションなど）
7. 特殊寝台
8. 特殊寝台付属品
9. 床ずれ防止用具
10. 体位変換器
11. 認知症老人徘徊感知器
12. 移動用リフト
13. 自動排泄処理装置

※5〜12が利用できるのは要介護2以上。13は要介護4以上

購入するもの

1. 腰掛便座
2. 自動排泄処理装置の交換可能部分
3. 入浴補助具
4. 簡易浴槽
5. 移動用リフトのつり具の部分

> 要介護度にかかわらず、生活支援のための福祉器具を借りることができる。利用者負担はレンタル料の1割（または2割）

> 要介護度にかかわらず、1年間（4月から翌年3月）に10万円を限度とし、実際にかかった費用の9割が支給される

Column　自宅改修も介護保険で!

介護保険では、要介護度に関係なく上限20万円までの自宅改修費が支給されます。自己負担は20万円の1割（または2割）です。ケアマネジャーに相談して、ケアマネが工事の前に申請します。たとえば、手すりの取り付けや段差の解消、引き戸への扉の取り付け、洋式便器への取り替えなどに利用できます。

Memo

介護保険以外で使えるサービス

食事や見守りなどひとりでの生活をフォロー

　ひとり暮らしや、日中、深夜に独居になる親を見守る時、介護保険以外でも使えるサービスがあります。特に自治体独自で実施しているサービスは料金が安いので、どんなサービスがあるのか調べておきましょう。

介護保険以外で使えるサービス

食事の宅配サービス	家庭に定期的に訪問して、お弁当などを届けながら安否確認を行う。費用は1食あたり数百円程度
日常生活用具の給付	杖や電気調理器、火災報知器などを給付
住宅改修費の補助	住宅をバリアフリーに改修する費用を補助。介護保険のサービスと併用できる自治体もある
おむつの支給	大人用の紙おむつを支給。現物支給または購入費の補助
出張理美容サービス	理容師、美容師が訪問して髪をカット
輸送サービス	福祉タクシーを利用して、通院等にかかる運賃の一部を助成する
見守り・安否確認サービス	警備会社の見守りサービスなど、利用料を助成する

※自治体によってサービスの内容は異なる

Column　見守りや安否確認もまずは自治体のサービスを探してから

見守り機器や安否確認システムが安価で利用できる自治体が増えてきました。火災報知器やガス漏れ感知器の設置のほか、具合が悪くなった時など緊急の場合に、設置したボタンを押すと警備会社の警備員と話ができるサービスもあります。利用者の代わりに119番を通報してくれたり、警備員が自宅に駆けつけたりしてくれるので安心ですね。
トイレのドアなどにセンサーをつけて、24時間以上感知しなかったら安否を確認する「生活リズムセンサー」を設置する自治体もあります。利用料の一部は自治体が負担します。まずは、どんなサービスがあるのか自治体に聞いてみましょう。

Memo

入所できる施設の特徴を知っておこう!!

> 金額が入所の決め手になります

　介護保険で使える「施設サービス」は、「どのような介護が必要か」によってタイプに分かれます。入所する施設を選び、直接申し込んで契約を結びます。

介護保険3施設

　利用できる人は要介護1～5の人。施設サービス費のほかに、居住費、食事、日常生活費がかかります。

特別養護老人ホーム（特養）	常に介護が必要な状態で、自宅介護ができない人が対象の施設。食事や入浴など日常生活の介護や健康管理を受ける（※）。
介護老人保健施設（老健）	病状が安定して、リハビリに重点をおいた介護が必要な人が対象の施設。医学的な管理のもとで介護や看護、リハビリを受ける。
介護療養型医療施設	急性期の治療が終わり、病状は安定しているが長期にわたって療養が必要な人が対象の施設。介護体制の整った医療施設（病院）で、医療や看護などを受ける。

※新規に入所できる人は要介護3以上、やむを得ない事情がある人は要介護1・2の人も入所できる。

　そのほか、介護保険で利用できる施設に、特定施設入居者生活介護（介護付き有料老人ホーム、ケアハウス等）があります。介護予防特定施設入居者生活介護の指定を受けた介護付き有料老人ホームやケアハウスは、要支援1・2の人でも入所できます。

Memo

施設ではなく住宅

高齢者向けの賃貸住宅やマンションは「住宅」なので、介護が必要になったら、介護保険の「居宅(在宅)サービス」を利用することになります。入居を検討する際には、介護度が重くなったらどのような暮らし方ができるのかを確認することが大事です。

サービス付き高齢者向け住宅（サ高住）	バリアフリー化され、一定の居住面積がある部屋に住みながら安否確認サービスと生活相談サービスを受ける。
シニア向け分譲マンション	バリアフリー化された分譲マンション。区分所有権が得られるので相続の対象になる。
シルバーハウジング	高齢者向けの公営賃貸住宅。バリアフリー化されているが、入居には所得制限がある。

軽費老人ホームって何？

軽費老人ホームは福祉施設のひとつで、社会福祉法人や地方自治体、民間企業などが経営しています。身寄りがない、あるいは家庭環境や経済状況の理由により、家族との同居が困難な高齢者が生活します。

軽費老人ホームには、食事を提供する「A型」、食事を提供しない「B型」があります。「C型」はケアハウスと呼ばれます。ケアハウスには介護型と介護がないタイプがあります。介護型は特定施設入居者生活介護の指定を受けています。

Column 施設の選び方のポイント

急いでいると大事なことを見落としがちです。入居後、「こんなはずじゃなかった！」などと思わないためにも、施設選びは慎重にしましょう。費用や介護がついているのかどうか。重要な項目は事前にチェックしておきましょう。

チェック項目	印
緊急時の医療体制は	
提携先の病院はどこか	
看護師は何人体制か	
夜間や休日の勤務体制はどうなっているか	
インシュリンなどへの対応はしてくれるのか	
居室の緊急通報システムは部屋にあるのか	
夜間・休日のスタッフ人数と対応はどうなっているのか	
入院期間が長期に及んだ場合はどうなるのか	
クーリング・オフなどの制度はあるのか	

公開されている情報
- 入居契約書
- 管理規定
- 重要事項説明書
- 介護サービス等の一覧表
- サービス料金表
- 財務諸表等一覧
- 特定施設利用契約書

仕事と介護との両立を可能にする「地域密着型サービス」

> 市区町村自治体にある情報を収集しよう！

　私が多くの介護者を取材する中で共通していたことは、仕事との両立を可能にしていた介護サービスは「地域密着型サービス」でした。住み慣れた地域で生活を続けながら、利用できます。このサービスを知っておくと、いざという時に家族はすごく助かります。

① 小規模多機能型居宅介護（※）

> 在宅のベストサービス！

　小規模な住宅型の施設で、「通い」（デイサービス）を中心としながら「訪問」（訪問介護）、「ショートステイ」（宿泊）など3つのサービスを組み合わせて利用します（要支援1・2の人も利用できます）。1カ月の利用額は要介護度ごとに決まっていて、要介護5でも月3万円程度（1割負担の場合）。施設で働く同じスタッフが3つのサービスに従事するため、顔なじみのスタッフから介護が受けられるというメリットがあります。さらに、訪問看護がプラスされた「看護小規模多機能型居宅介護」もあります（要支援1・2の人は利用できません）。

> **例）31歳のA子さんの場合**
>
> 「一人暮らしの家を引き払い、母と住む家を借りた」というのは会社員のA子さん（31）。母（61）は5年前に若年性アルツハイマー症と診断されました。ほかのきょうだいは家庭があるので独身のA子さんが母の面倒をみることに。母はまだ要介護1でしたが、週5回デイサービスに通うことを可能にしたのが「小規模多機能型居宅介護」です。月曜から金曜まで朝7時半にA子さんが出勤した後、迎えの車が来て母は施設で過ごします。A子さんが19時頃帰宅してから、母も自宅に戻るという1日。土日はほかのきょうだいが面倒をみるというように、上手に分担して介護と仕事の両立を可能にさせたのです。

② 定期巡回・随時対応型訪問介護看護

　日中・夜間を通して、定期巡回のほか緊急時などの必要に応じて随時訪問を行い、ヘルパーによる入浴・排せつなどの介護、看護職員による療養上の世話などを提供します。また、服薬や水分補給などの短時間介助を複数回行うことで、要介護度が中・重度、終末期の利用者の在宅生活を支援します。

　デイサービスと併用して利用することができます（要支援1・2の人は利用できません）。

③ 夜間対応型訪問介護

　ヘルパーが夜間に自宅を訪問し、排せつ介助などの日常生活の援助を行います。夜間（22時から翌6時まで）サービスを含むことを条件に、日中のサービスも提供する訪問介護です。「定期巡回」と利用者の通報に応じる「随時対応」の2種類のサービスがあります（要支援1、2の人は利用できません）。

④ 地域密着型介護老人福祉施設入所者生活介護（※）

　定員30人未満の小規模な施設（特養）で食事、入浴などの介護や健康管理を受けることができます（要支援1、2の人は利用できません）。

⑤ 地域密着型特定施設入居者生活介護（※）

　定員30人未満の小規模な施設（ケアハウスなど）で入浴、排せつ、食事などの介助や機能訓練を受けることができます（要支援1、2の人は利用できません）。

⑥ 地域密着型通所介護

　定員18人以下の小規模な施設で、食事や入浴などの介護や機能訓練を日帰りで受けることができます（要支援1・2の人は利用できません）。

（認知症の人向けのサービス）

⑦ 認知症対応型通所介護

　認知症と診断された人が専用のデイサービスに通い、食事、入浴などの介護や支援、機能訓練を受けます。

⑧ グループホーム（認知症対応型共同生活介護）（※）

　認知症と診断された高齢者が少人数での共同生活を送りながら食事、入浴などの介護や支援、機能訓練などを行います（要介護1の人は利用できません）。

（※）利用するには施設に直接申し込みます。

Column

ケアマネとの面談には子も参加して！

　介護サービスの利用が始まると定期的にケアマネジャーとの面談があり、計画表をもらうことになります。ケアマネジャーはひとりで何人もの要介護者を担当しているため、各人の状況を100％把握することはできません。

　子が親の状態を観察して、面談時にケアマネジャーに伝えることが大切です。
　面談時間は30分ぐらいなので、あらかじめ伝えたいことを簡潔にメモ書きにしておきましょう。

「地域包括ケアシステム」の仕組みを知っておこう

> ただし、市区町村によってサービス内容が異なる!

　地域包括ケアシステムとは、団塊の世代が75歳以上となる2025年を目標に、高齢者が要介護状態になっても住み慣れた地域で自分らしい生活を送れるように、地域がサポートし合う社会システムのこと。図のように、市区町村が中心となり「住まい」「医療」「介護」「生活支援・介護予防」を"包括的"に体制を整備していきます。

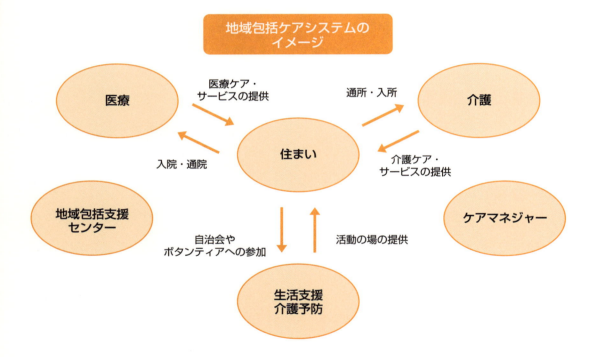

　具体的には、これまで国が主導していた高齢者福祉事業やサービスが、市区町村で行われるようになります。親と子で住む自治体が異なる場合は、自治体からのお知らせなどで、どんなサービスがあるのか調べておきましょう。また、親の介護や看取りが気になり始めたら、地域の「介護者の会」などに参加してみると、地元のボランティアが実施しているサービスなどの情報を得ることができます。

「地域包括ケアシステム」が構築されるとこうなる！

ポイント1 「地域包括ケア病棟」が増える

　介護が必要になるのは、脳血管障害や心疾患で倒れた後、症状は回復しても、体力が戻らず要介護状態になった時などです。「地域包括ケア病棟」では、急性期病棟で急性期治療を終えた患者が、転院できる病棟として、2014年4月に新設されました。急性期病棟から転院できる「回復期リハビリ病棟」とリハビリの目的は同じですが、日数等の違いなどがあります。「地域包括ケア病棟」では最長でも60日と設定されていますが、「回復期リハビリ病棟」では疾患により最長180日まで入院することができます。60日での退院が不安になる人のために、病棟には専従の社会福祉士やソーシャルワーカー、セラピストが常駐しており、退院へ向けたサポート体制が整えられています。

ポイント2 地域づくりがさかんになる

　ひとりで生活する高齢者を地域全体で支える、という考えが地域に浸透します。これからは、「自助」「互助」「共助」「公助」といった考え方が大切になってきます。

自助	《自分でできることは自分でする》 健康管理を含めてできることは自分で行う。必要に応じて民間サービスの利用を選択し、購入する。
互助	《地域などで互いに支え合う》 地域での日頃の声かけや見守り、ボランティアや住民地域での活動まで、住民同士が互いに助け合い、支え合いながら地域で生活する。
共助	《社会保険制度を活用する》 本人の状態に応じて介護保険制度や医療保険制度を活用し、介護サービスや医療サービスを受ける。
公助	《行政などの公的サービスを受ける》 本人の状況などに応じて、行政が行うさまざまな福祉事業、サービス事業、生活保護などの公的支援を受ける。また、行政は個人の尊厳を尊重するため、人権擁護に関する取り組みや虐待対策などを行う

出典：2013年厚生労働省の資料より著者作成

　自治体の財政状況や人口減など"格差"が生じるという指摘もあります。「隣の自治体では便利なサービスが実施されているのに、親の住む町にはない」といったことも考えられます。いずれにしても、行政や地域からの情報発信に意識を向けることが大切です。

介護で使える親の資産をチェック!!

> 金額が入所の決め手になります

　介護で使えるお金はどれくらいあるでしょうか。手っ取り早く知るために、預貯金と現金化しやすい金融資産をチェックしましょう（98ページ参照）。売却に時間がかかる資産は、相続の時など後回しにしてもいいと思います。

月々の収入　合計 ＿＿＿＿＿＿＿＿＿＿円

公的年金　月　　　　　　　　円	私的年金　　　　　　　　　円
そのほか　月　　　　　　　　円	そのほか　　　　　　　　　円

預貯金　合計 ＿＿＿＿＿＿＿＿＿＿円

銀行　　　　　　　　　　　　　　支店

口座番号

種類　　　　　　　　　　　　　　残高

（　　　年　　月　　日時点）

銀行　　　　　　　　　　　　　　支店

口座番号

種類　　　　　　　　　　　　　　残高

（　　　年　　月　　日時点）

銀行　　　　　　　　　　　　　　支店

口座番号

種類　　　　　　　　　　　　　　残高

（　　　年　　月　　日時点）

株や投資信託などの金融資産 （102ページ参照）

銘柄 _____　　　金額 _____

金融機関 _____

銘柄 _____　　　金額 _____

金融機関 _____

銘柄 _____　　　金額 _____

金融機関 _____

銘柄 _____　　　金額 _____

金融機関 _____

> **Column**
>
> ### 親の介護は親の資産で
>
> 子がお金を持っていると、つい親を援助したくなりますが、自分の退職金を親の介護の費用にあてようと介護離職した人が、親を看取ってから再就職できず、ホームレスに陥ったという実話もあります。月々の親の介護費用はいくらかかるのか計算した上で、できるだけ親の資産から捻出するように計画を立てましょう。無尽蔵にお金を使わないためにも、利用料が安い自治体のサービスはないか、調べましょう。そのためにも、親の収入、資産を把握することが大事です。
>
> ---
>
> ### （まだある！使えるお役立ち制度）
>
> ■ **高額医療・高額介護合算療養費制度**……8月1日〜翌年7月31日までの間に自己負担した介護保険と健康保険の利用者負担額が一定額を超えると、その分が還付されます。必ず申請すること！
>
> ■ **高額介護サービス費**……介護保険を利用して支払った自己負担額1割（所得によっては2割）の合計金額が一定金額を超えた時、超えた分のお金が戻ってくるという制度。「現役並み所得者に相当する方がいる世帯の方」は4万4400円、「世帯内のどなたかが市区町村民税を課税されている方」は3万7200円、「世帯の全員が市区町村民税を課税されていない方」は2万4600円などと、負担の上限が設けられています。

Part 3　もしも「介護」が必要になったら

認知症について
知っておこう

> 早期発見、早期治療が大事です！

　認知症に詳しくない医師はまだ多いので、親の様子がおかしいと思った場合「物忘れ外来」などを探して認知症専門の医師を探しましょう。当人を病院に連れて行く際、「認知症の検査に行くよ」と言うと嫌がることが多いので、「健康診断を受けに行こう」と、優しく伝えてみましょう。

基本知識① 認知症の種類

認知症にはいくつかの種類があり、それぞれ原因や症状が異なります。

アルツハイマー型認知症
記憶障害（物忘れ）から始まり、段取りが立てられない、気候に合った服が選べない、薬の管理ができないなどの症状が現れる。最も多いのがこのパターン。

脳血管性認知症
脳梗塞や脳出血、脳動脈硬化などによって、一部の神経細胞に栄養や酸素が行き届かなくなり、神経細胞が死んだり、神経のネットワークが壊れたりすることで記憶障害や言語障害が起こる。

前頭側頭型認知症
会話中に突然立ち去る、万引きをする、同じ行為を繰り返すといった性格変化などが現れる。

レビー小体型認知症
幻視や筋肉のこわばりなどを伴う。

Memo

基本知識② 認知症の症状

誰にでも起こりうる中核症状と、その人の性格や環境などによって起こる行動・心理症状に分けられます。

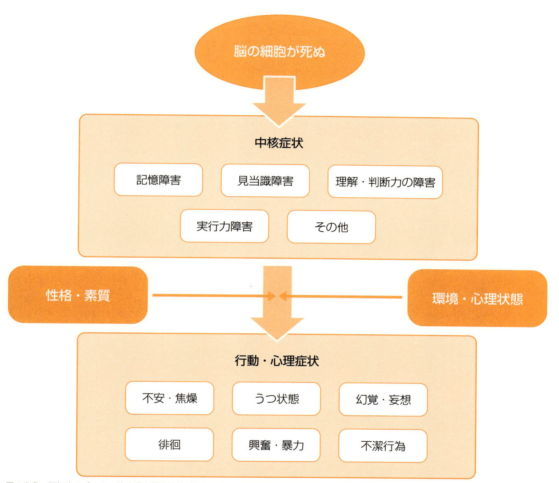

図の出典：認知症サポーター養成講座標準教材（特定非営利活動法人地域ケア政策ネットワーク 全国キャラバンメイト連絡協議会作成）

Column

「何か変」と思ってもひとりで抱えない

認知症は、最初は「何か変じゃない？」というところから始まりますが、叱責したり間違いを正したりすると、本人は屈辱感を抱いたり、家族に対して敵意を抱くこともあります。また、物忘れの著しい高齢者がすべて認知症とは限らず、意識障害やうつ病の場合もあります。認知症の正しい知識を持ちながら、もし介護サービスを受けていたらケアマネジャーに、まだ介護サービスを受けていなければ地域包括支援センターに相談しましょう。

Memo

親の異変に気づく20のポイント

> 認知症は早期発見、早期治療が大事です！

物忘れがひどい

- ☐ 1. 今切ったばかりなのに、電話の相手の名前を忘れる
- ☐ 2. 同じことを何度も言う・問う・する
- ☐ 3. しまい忘れ、置き忘れが増え、いつも探し物をしている
- ☐ 4. 財布・通帳・衣類などを盗まれたと人を疑う

判断・理解力が衰える

- ☐ 5. 料理・片付け・計算・運転などのミスが多くなった
- ☐ 6. 新しいことが覚えられない
- ☐ 7. 話のつじつまが合わない
- ☐ 8. テレビ番組の内容が理解できなくなった

時間・場所がわからない

- ☐ 9. 約束の日時や場所を間違えるようになった
- ☐ 10. 慣れた道でも迷うことがある

人柄が変わる

- ☐ 11. ささいなことで怒りっぽくなった
- ☐ 12. 周りへの気づかいがなくなり頑固になった
- ☐ 13. 自分の失敗を人のせいにする
- ☐ 14. 「このごろ様子がおかしい」と周囲から言われた

不安感が強い

- ☐ 15. ひとりになると怖がったり寂しがったりする
- ☐ 16. 外出時、持ち物を何度も確かめる
- ☐ 17. 「頭が変になった」と本人が訴える

意欲がなくなる

- [ ] 18. 下着を替えず、見だしなみを構わなくなった
- [ ] 19. 趣味や好きなテレビ番組に興味を示さなくなった
- [ ] 20. ふさぎ込んで何をするのも億劫がりいやがる

出典：「公益社団法人認知症の人と家族の会」HP

Column

「何か変」と思ったらチェックしよう

左のチェックリストは、日常の暮らしの中で「認知症の始まりではないか？」と、思われる言動を家族の会の会員の経験からまとめたものです。医学的な診断基準ではありませんが、暮らしの中でいくつか思いあたることがあれば、一度、専門医に相談してみるとよいでしょう。ただし親に「認知症かもしれないから、病院にみてもらおう」と言っても、拒絶するだけで逆効果。地域包括支援センターで認知症に詳しい医師を紹介してもらいましょう。早期発見して適切な治療を受けると、ふだん通りの生活をいつまでも送ることができます。

認知症に詳しい医師
病院名／名前
住　所
連絡先
開院時間など

認知症に詳しい医師
病院名／名前
住　所
連絡先
開院時間など

Memo

脳卒中のサインFASTを覚えよう

　認知症の割合として最も多いアルツハイマー型認知症は、脳にアミロイドβというたんぱく質がたまり正常な神経細胞が壊れ、脳萎縮が起こることが原因と言われています。アルツハイマー型に次いで、認知症の2割を占めるのが脳血管性認知症です。これは、脳梗塞や脳出血など、脳の血管障害によって起こる認知症のことです。脳の血管が詰まっている梗塞巣が増えたり、大きくなったりするたびに、徐々に脳の機能が低下し、それによって認知症や運動障害が引き起こされます。

　米国脳卒中協会では、次の4つの頭文字から「FAST」という脳卒中の警告サインをつくり、これを広めようとしています。認知症にならないためにも、またある日突然、脳卒中で倒れないためにも、「脳卒中のサイン」を覚えて、早期発見・早期治療が大事です。

Face（顔）

　顔の片方が下がったり、ゆがみが出てきたりします。また、口が閉じず、うまく笑顔が作れなくなります。

Arm（腕）

　片方の腕に力が入らず、両腕を前に突き出して上げたままキープできません。物をつかめなくなります。

Speech（話し方）

　ろれつが回らなくなります。「えーと」など、うまく言葉が出てこず、簡単な短い文章を話すことができません。

Time（時間）

　上記F、A、Sの症状がひとつでもあれば、脳卒中発症が疑われます。すぐに救急車を呼び、病院に連れて行きましょう。時間との勝負です。

Part 4

親戚や交友関係は？

家族や親戚、友人など、親の交友情報を整理しておくと、"もしも"の時の連絡に役立ちます。親族関係のしきたりや宗教を知っておけば冠婚葬祭の際、段取りもスムーズにいきます。家系図を作成しながら自分のルーツをたどってみると、意外な発見があるかもしれません。それをきっかけにして、親と共通の話題で盛り上がることもありますので、時間がないからといって億劫がらずにじっくり取り組んでみましょう。

親戚関係を俯瞰しよう

"もしも"の時の連絡に役立ちます

　父と母のきょうだい、親戚関係を書き込んでみましょう。大人になると、いとこの消息など、わからなくなることも多いと思います。一度にすべてを書き込もうとしないで、少しずつ親の世代から書き込んでみましょう。

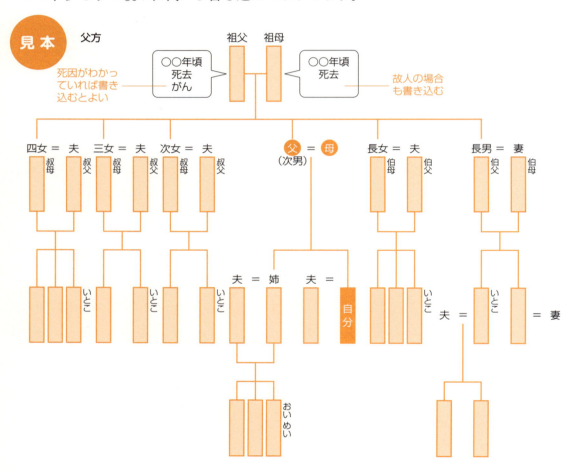

Column

愛称も一緒に書き込みましょう

自分が子どもの頃、「北海道のおじさん」「福岡のおばさん」「〇〇ちゃんのおばさん」と、住んでいる土地やいとこの名前を愛称にして、呼んでいたケースが多いと思います。「〇ちゃんのおばさん」だけでは誰だかわかりません。親からフルネームを聞き出して、名前の隣に「〇〇のおばさん」と書き込んでみると、よりわかりやすくなります。

家系図（実際に書き込んでみましょう！）

父方

母方

Part 4　親戚や交友関係は？

> トラブルを回避するために
> できるだけ聞いておこう

親戚との関係をよく聞いておく

　親の葬儀に誰を「呼ぶ・呼ばない」の選択を間違えると、後々親族間でトラブルになったり、関係がこじれたりします。兄弟姉妹が多いとさらに複雑。親が元気なうちによく聞いておきましょう。

> キーパーソンは誰？

兄弟姉妹の関係性　　　　ダウンロード

名前	続柄	関係性
例）〇〇〇〇子	長女（母方）	連絡を取り合っているきょうだいの中で一番仲が良い

Memo ほかの兄弟姉妹との間はどうなのか、過去にあったトラブルやよくしてもらったことなども書いておきたい。

冠婚葬祭などのルールは?

恥をかかないために聞いておきたい

過去に親が参列した冠婚葬祭で、「誰にいくら贈ったのか」を、過去にさかのぼり、細かく聞いておくと安心です。特に、葬儀の供花は親戚との間で取り決めがある場合があります。親族間でのルールを知っておくと、トラブルを防ぎ、葬儀の段取りの時などにもスムーズにいきます。

また、冠婚葬祭で遠方から参列した時の交通費や宿泊費、お返しから、お年玉、お見舞金など、冠婚葬祭以外についても、親族の間で取り交わしたルールのすべてをまとめておきましょう。

父方のルール　　ダウンロード

年月日	誰のイベントに参列した	包んだ金額	供花（供物）	備考
例）2016年8月10日	○○○○○子さんの通夜・告別式	30000円	20000円	交通費は自費

親が贈った金品だけではなく、受け取った物もできるだけ把握しておこう

ルールがない場合は、履歴を残しておこう

母方のルール　　　　　　　　　　　　　　　　　　　ダウンロード

年月日	誰のイベントに参列した	包んだ金額	供花（供物）	備考
例）2016年9月10日	○○○○○郎さんの結婚式	50000円		交通費・宿泊費は先方持ち

Column

葬式の参列者をおおまかに把握しておこう

ここでやっておきたいことは、葬儀の参列者を知っておくこと。人数はだいたい何人なのか把握しておきましょう。甥や姪に子どもがいる場合は、その人数もカウントしましょう。なぜそこまで調べておくかというと、葬儀当日の飲食代をおおまかに見積もっておかないと、大赤字になってしまうからです。親の銀行口座からお金を引き出すことができなければ子が立て替えることになるので気をつけましょう。また、連絡網を作っておき、ひとりのきょうだいにキーパーソンになってもらい、各親戚に連絡を取ってもらうと安心できます。親戚とは日頃から良好な関係を保っておき、いざという時、手伝ってもらえるといいですね。

Memo

> 義理を立てることも大事！

贈り物、付け届け関係は？

お中元やお歳暮など、ふだんからやりとりをしている親戚などがいたら、聞いておきましょう。

贈った物　　　　　　　　　　　　　　　　　　　　　ダウンロード

名前	品目	金額
例）〇〇〇〇子さんに	お中元、お歳暮 （〇〇百貨店で季節のフルーツ）	各5000円相当

いただき物

名前	品目

Part 4　親戚や交友関係は？

> 知っていると知らないでは大違い！

家紋、しきたりなど

　会葬礼状を印刷する時、「家紋」が必要になります。また、宗教によってしきたりが異なる場合があるので、細かいところも聞いておきましょう。

家紋 _____

> 印刷したものを貼っておこう

Memo （しきたりなど）

Column

葬儀の準備は時間との戦い

親が亡くなると悲しむ暇もなく、お葬式の準備に取り掛かることになりますが、お通夜までに、祭壇に飾る供花の本数や、会葬礼状に印刷する家紋の指定など、次々と手配しなければなりません。細かい話ですが、宗派によっては、「お焼香の時に線香を立てない」「御霊前にごはんのお供え（枕飯）をしない」など、しきたりがありますので、これらの情報も事前に親から聞いておくと、段取りがスムーズに進みます。

> 離れて暮らしている時の安否確認にも安心

親の交友関係を知っておこう！

　離れて暮らしている時だけでなく、日中ひとりで留守番させておくと何かと不安です。親の安否確認のために、リストを作っておくと便利です。特に親と離れて暮らしている場合は、ふだんの交友関係や、サークル活動だけでなく、どこで買い物をしているかなどを聞いておきましょう。

隣近所の人の付き合い

「遠い親戚よりも近くの他人」という言葉があるように、隣の人や町内会の会長、民生委員、仲の良いご近所さんの名前と連絡先を控えておきましょう。お盆や正月など帰省した時に菓子折りを持って挨拶して、子の携帯電話などの連絡先を伝えておき、何かあったらすぐに連絡を取り合う間柄になっておけば離れて過ごしていても安心できます。帰省した時に迷わないように、簡単な地図を作っておき、手帳に貼っておくと便利です。

例）

> 困った時に連絡する人は？

名前	○○○○男さん	立場	○○○○4丁目町会長
住所	○○○○4-3-2	電話	××××-××××

名前		立場	
住所		電話	

名前		立場	
住所		電話	

名前		立場	
住所		電話	

名前		立場	
住所		電話	

> 町内会のキーパーソンは誰？

Part 4　親戚や交友関係は？

交友関係をどうやって知る?

チェック1　勤務先や取引先など

　親がまだ現役で仕事をしていれば現在の職場や取引先、リタイアしていれば本人の希望に応じて定年退職前に働いた職場の上司や同僚の連絡先も入手しておきましょう。

仕事関係で連絡する人

仕事先	肩書き	名前	備考
例）アルバイト先のコンビニ○○○○○○の○○○店	店長	○○○○さん	

Memo（仕事を持っていたら引き継ぎなど事後処理をお願いする人など）

....
....
....
....

Column　仲間と集まるお店はどこ?

定年退職後は、同僚・仲間が食事会や飲み会などで定期的に集まるケースがあります。
集まる時のお店などの情報は、備考欄に書いておきましょう。

チェック2 携帯やスマホの電話帳

電話帳の中で、何かあった時に知らせてもいい人は誰なのか聞いておきましょう。

チェック3 年賀状などでやりとりしている人は誰？

年賀状や手紙などから、現在やりとりしている人がわかります。

サークル活動

趣味のサークルや入会している団体などがあったら記入しておきましょう。親が亡くなったら、代わりに退会手続きを取り、年会費や会報を止めてもらう必要があります。

団体名	代表者（または連絡する人）	連絡先
例）NPO○○○の会	○○○○さん	××××-××××

Column パソコンのメールやSNSなども確認を

最近、ブログやフェイスブックなどで仲の良い友達とやりとりをしているシニアも増えています。年賀状のやりとりはしていないけれど、ネット上では頻繁にやりとりをしている、という関係の人も中にはいます。直接顔を合わせる頻度は少なくても、人間関係は濃い場合もあります。また、サークル活動をしている場合は、メーリングリストで頻繁にやりとりをしていることもあります。SNS上などの交友関係も聞いておく必要があります。

Part 4 親戚や交友関係は？

交友関係リスト

例）

名前　〇〇〇〇子さん　　　　　　　　　関係　高校時代の同級生

住所　〇〇県〇〇〇市〇〇〇町1-2-3　〇〇マンション101

電話　　　　　　　　　　　　　　　　　携帯

備考

葬儀の時のお知らせ　　□する　　□しない　　□どちらでもよい

名前　　　　　　　　　　　　　　　　　関係

住所

電話　　　　　　　　　　　　　　　　　携帯

備考

葬儀の時のお知らせ　　□する　　□しない　　□どちらでもよい

名前　　　　　　　　　　　　　　　　　関係

住所

電話　　　　　　　　　　　　　　　　　携帯

備考

葬儀の時のお知らせ　　□する　　□しない　　□どちらでもよい

名前　　　　　　　　　　　　　　　　　関係

住所

電話　　　　　　　　　　　　　　　　　携帯

備考

葬儀の時のお知らせ　　□する　　□しない　　□どちらでもよい

名前　　　　　　　　　　　　　　　　　関係

住所

電話　　　　　　　　　　　　　　　　　携帯

備考

葬儀の時のお知らせ　　□する　　□しない　　□どちらでもよい

名前　　　　　　　　　　　　　　　　　関係

住所

電話　　　　　　　　　　　　　　　　　携帯

備考

葬儀の時のお知らせ　　□する　　□しない　　□どちらでもよい

名前		関係	
住所			
電話		携帯	
備考			
葬儀の時のお知らせ	□する	□しない	□どちらでもよい

名前		関係	
住所			
電話		携帯	
備考			
葬儀の時のお知らせ	□する	□しない	□どちらでもよい

名前		関係	
住所			
電話		携帯	
備考			
葬儀の時のお知らせ	□する	□しない	□どちらでもよい

名前		関係	
住所			
電話		携帯	
備考			
葬儀の時のお知らせ	□する	□しない	□どちらでもよい

名前		関係	
住所			
電話		携帯	
備考			
葬儀の時のお知らせ	□する	□しない	□どちらでもよい

名前		関係	
住所			
電話		携帯	
備考			
葬儀の時のお知らせ	□する	□しない	□どちらでもよい

Part 4　親戚や交友関係は？

買い物はどこでしている？

> 異変に気がついた時にも役に立ちます

身の回りの物はふだんどこで買っているのか事前に知っておくと、急に入院することになった時などにサッと用意ができます。さらには、行きつけの店なども、教わっておくと安否確認や異変に気がつく時にも役立ちます。

食料品

店名	連絡先
例）コンビニ○○４丁目店	03-XXXX-XXXX

衣料品（靴、下着、洋服など）

品目	店名	連絡先
例）靴	○○靴屋	03-XXXX-XXXX

> 14、15ページの情報と合わせて知っておこう

日用品など

品目	店名	連絡先
例）シャンプー・リンスなど	○○ドラッグ	03-XXXX-XXXX

> 愛用しているメーカーや種類を記しておいても

よく行く場所・お店

喫茶店や美容院など、行きつけのお店も確認しましょう。

お店	連絡先	備考
例）純喫茶○○	03-XXXX-XXXX	週に2度は行く。マスターの○○さんと仲良し

Part 4 親戚や交友関係は？

Column　行きつけのお店などで親の行動パターンを知っておく

なぜ、親が通うお店などの情報を知っておく必要があるのか、疑問に思う方も多いと思います。ふだんの行動パターンやテリトリーを知っておくと、ささいな変化に気づくことがあります。たとえば、遠距離介護をしていた女性（当時40代）は、実家に帰省するのは年に2度。帰省した時、商店街を歩いていたら、いろんなお店から「お嬢さん！」と呼び止められたことがあったと言いました。お母さんは認知症の症状が出始め、同じ物を1日に何度も購入したり、ツケで支払ったりして、あるお店からの請求書が数十万円にもなっていました。その時、店主は「お母さんの様子がおかしいと思っても、誰にも伝えられなかった」と女性に言っていたそうです。「母親がふだんから接しているお店と連絡先を交換していれば、もっと早く異変に気がついたかもしれない」と女性は悔やんでいました。親と同居していても、日中どこで何をしているのか、聞いていたほうが安心できます。

元気なうちに思い出を作ろう

「出かけたい」をかなえるために、できることは何か

　身体の不自由な人や高齢者は、元気なうちに離れて暮らすきょうだいに会いたい、旅行に行きたいと思っていても家族への遠慮などから、ためらってしまうことが多いという話をよく聞きます。最近は、バリアフリーに対応する温泉施設も増えてきました。予約をする時に気をつけたいポイントをまとめてみました。

ポイント① 電話で直接確認
　今はインターネットの予約サイトなどから簡単に予約できますが、直接電話でバリアフリー対応かどうか確認をしてみましょう。最寄り駅からの送迎、お風呂は洗い場から浴槽まで手すりはあるか。足が不自由な人向けに椅子は用意されているか、館内の通路に段差はあるのか、といったことなどを確認しておきましょう。また、その際の従業員の電話口での対応は、受け入れ体制が整っているのか判断基準になります。

ポイント② 旅行会社のツアーから申し込む
　料金はかかるかもしれませんが、旅行会社から介助が必要な人向けのツアーを申し込むことができます。

ポイント③ トラベルヘルパーに同伴してもらう
　トラベルヘルパー（外出支援専門員）が同行するオーダーメイドのツアーも、最近は出てきました。旅費とは別に、トラベルヘルパーにも料金を支払います。要介護度によって料金が増すケースが一般的のようです。

　旅行だけではなく、「近所のレストランで食事に出かけたい」という場合もあります。まずは、「どこか出かけたいところはある？」と、要望を聞いてみましょう。

Memo

Part 5

もし「その時」が
来たら

いつか誰もが迎える親の死。準備不足であるほど、余計な出費がかさむ恐れがあります。また、実家やお墓の継承で悩む人も急増していますが、親が健在のうちに、相続の問題で話し合うのはひと苦労です。後々、子どもが困らないためにも、目の前にある問題を少しずつクリアしていきましょう。

もしもの時の意思を確認しておこう

> トラブルを回避するためにできるだけ聞いておこう

　両親のどちらかが重病で意思表示ができない状態になったら、家族がさまざまな判断を代わってすることになります。あらかじめ希望を聞いておくと、段取りもスムーズに行きます。

両親どちらかひとりが倒れたら

どちらかが倒れて入院した場合、年老いた親をひとりで家に残しておくのは心配です。そんな時、入院する間、どこで生活をするのか想定しておきましょう。

☐ **娘、息子の家に滞在したい**

> 第1順位

名前：　　　　　　　　　　　　　　続柄：
連絡先：

> 第2順位

名前：　　　　　　　　　　　　　　続柄：
連絡先：

☐ **兄弟姉妹の家に滞在したい**

> 第1順位

名前：　　　　　　　　　　　　　　続柄：
連絡先：

> 第2順位

名前：　　　　　　　　　　　　　　続柄：
連絡先：

> 第3順位

名前：　　　　　　　　　　　　　　続柄：
連絡先：

☐ **ほかのプラン**

ひとりになったらどこに住みたいか

- ☐ 最期まで自宅で過ごしたい
- ☐ 自宅を売却して駅近のマンションに移りたい
- ☐ 自宅を売却して有料老人ホームに入りたい
- ☐ リゾート地にあるシニアマンションに入りたい

  場所 _____

- ☐ 娘、息子と同居したい

  誰か _____

- ☐ 兄弟、姉妹と同居したい

  誰か _____

- ☐ ほかのプラン _____

Column

実家の処分も早めに検討しよう

子どもたちが巣立った一軒家に親がひとりで住み続けるのは、防犯上危険を伴います。また、倒れた時の発見が遅れる孤立死のリスクも高まることから、元気なうちに自宅を売却する「住み替え」を考える人が増えています。

住み替える際には、介護を受けるようになった時なども見据えて選んだほうが、引っ越しが二度にならずに済みます。処分の方法に困ったら、不動産会社などに相談してみましょう。

Memo

親が「自宅での最期」を希望したら？

> かかりつけ医やケアマネに相談しましょう!!

　親が終末期にさしかかった時に、子どもたち家族は「どこで看取るのか」を考えなければなりません。本人や家族から「自宅で最期」を希望した場合、どんな準備が必要になるのか。ケアマネジャーやかかりつけ医など、ふだんからケアをしてもらっている専門家たちに相談してみましょう。

準備すること

①ケアプランを見直す

　ケアマネジャーにケアプランの見直しを相談して、「訪問看護」が利用できないか相談してみましょう。あるいは、ヘルパーによる訪問を1日のうち何度も受けられる「定期巡回・随時対応型訪問介護看護」（44ページ参照）を利用する方法も選択肢の一つ。親の体調などを考慮して、ベストなプランに変えてもらいましょう。その際、介護の費用はどのくらい変わるのかといった金銭的なことも、押さえておくと安心できます。

> **訪問看護**
> 看護師などが自宅に訪問し、かかりつけ医の指示書に基づく医療処置や病状の観察などを行う。がんなどの場合は、痛みのコントロールのターミナルケア、さらには介護をしている家族にアドバイスや精神的なケアや看取りのサポートをしてくれる。

②在宅での「かかりつけ医」を探す

　通院していた病院などから、在宅での「かかりつけ医」を紹介してもらい、緊急時や夜間の対応方法などを聞いておきましょう。看取りの時期に入ると、回復を期待する治療や延命措置は行わないことが多いそうです。最期はどんな様子になるのか聞いておき、最期に備えます。また、「かかりつけ医」は死亡の確認や、お葬式や火葬に必要な死亡診断書などの関係書類を記載します。

Memo

かかりつけ医の連絡先

名前 _____ 電話 _____

看護師の連絡先

名前 _____ 電話 _____

> **参考）死が近づいてきた時の兆候**
>
> 死期が近づいてきた時（数日前〜数時間前）は次のような症状が現れると言われています。
>
> > 反応が弱まってくる／脈拍の緊張が弱くなる／血圧が下がる／手足が冷たくなる／冷や汗をかく／顔が青紫になる（チアノーゼ）／死前喘鳴（ぜんめい）という、呼吸時にのどがゴロゴロする音がするようになる／意味のないことを話したり、手足をばたつかせるようにする（せん妄）／便や尿が出なくなる、など
>
> このような様子が現れたら、家族や親戚、親しい人に最期のお別れをしてもらいます。

③キーパーソンは誰か決めておく

　終末期の対応をめぐって、家族の間で意見が分かれてしまうことがあります。①や②で専門家に相談する時には、家族の窓口"キーパーソン"になる人が必要になってきます。ただし、決断を迫られるようなことがあっても、キーパーソンがひとりで背負わないで「家族で一度話し合います」と、一呼吸おくと冷静に判断できます。なるべく家族で話し合い、意見を合わせておく必要があります。

> **Column　自宅での看取りはチームワークで!!**
>
> 自宅で看取る際には、キーパーソンを中心に、ケアマネジャーやヘルパー、看護師、かかりつけ医との連携が必要になってきます。入れ替わり自宅に入ってくるので、ノートを一冊用意しておき、「いつ誰が、どんなケアをした」という記録をつけてもらいましょう。また、家族はつきっきりで看なければいけないと思いがちですが、連携がうまく取れれば、24時間つき添う必要はありません。「死期が近づいてきた」という兆候が現れて医師が判断した時に、看取る準備を始めればそれまでは仕事をすることも可能と言われています。「できること」「できないこと」を見極めるためにも、専門家とよく話し合いましょう。

Part 5　もし「その時」が来たら

> 納得のゆく終末期を送るために
> 家族ができることは?

告知についてどうしたいのか?

　親が重い病にかかった時、残された日々を悔いの残らないように過ごしてもらうためにも、「病気や余命の告知」は慎重にしなければなりません。気管切開をして人工呼吸器をつけるような回復の見込みがない状態と知った時でも、家族なら誰でも「1日でも長くいきてほしい」と思うもの。ただし、延命治療は思わぬ金銭的な負担や本人に苦痛を伴うこともあるので「最期はどうしたいのか」。できるだけ元気なうちに本人の意思を確認しておきましょう。

告知について

- ☐ 病名・余命とも告知しないでほしい
- ☐ 病名だけ告知してほしい
- ☐ 余命は知らせないでほしい
- ☐ 余命が（　　　　　）カ月以上であれば、病名・告知ともに教えてほしい
- ☐ 余命の期間にかかわらず、病名・余命ともに教えてほしい
- ☐ すべての情報は隠さず、すべて教えてほしい
- ☐ 家族に判断そのものをまかせる
- ☐ そのほか

Memo

余命わずかになった時の過ごし方

- ☐ 最期まで回復を信じて、治療に全力を尽くしてほしい
- ☐ 延命よりも苦痛緩和を重視してほしい
- ☐ 回復の見込みがない時、延命治療は打ち切ってほしい
- ☐ 痛みや寝たきりなどを伴う検査や治療はあまり受けたくない
- ☐ 自分で食事ができなくなっても胃ろうは受けたくない

  ※胃ろう……口から食べられなくなった時、胃に穴を開けて水や栄養を補給する方法。口腔内の機能が回復すれば胃ろうを外すことができる場合がある

- ☐ 自宅でおだやかに過ごしたい
- ☐ ホスピスで過ごしたい

  ※ホスピス……重い病気を抱えている患者とその家族に対して、早期の段階から痛みの緩和などのケアをする施設のこと

- ☐ 尊厳死を希望して書面を書いている
  - ☐ 公正証書　　☐ 日本尊厳死協会　　☐ 自分で作成する
- ☐ やりたいことや会いたい人がいる

___
___
___

Column　尊厳死を選ぶのなら書面で意思表示を

事故や病気で延命措置をするかどうか、医師から判断を迫られた時、どうするのか。時間を引き延ばすだけでの延命措置は拒否して自然な死（尊厳死）を選択する人も増えています。公証役場で「尊厳死宣言公正証書」を作成する方法もあります。費用は1万数千円程度で、いつでも撤回することができます。

ほかにも、日本尊厳死協会が行っている「リビング・ウィル」という書式を利用する方法もあります。

Memo

___
___
___
___
___
___

脳死後の臓器提供・献体

　脳死状態で回復の見込みがなく死後、臓器提供はどうしたらいいのか。これについても、事前に聞いておきましょう。

- □ 臓器提供の希望を臓器提供意思表示カードなどに記入している
　　（保管場所　　　　　　　　　　　　　　　　　　　　）
- □ 医療機関に遺体を役立ててもらうために献体の登録をしている
　　（連絡先　　　　　　　　　　　　　　　　　　　　　）
- □ 角膜を提供したいのでアイバンクに登録している
　　（連絡先　　　　　　　　　　　　　　　　　　　　　）
- □ 臓器提供や献体はしたくない　　□ 特に考えていない
- □ 家族にまかせる　　□ そのほか（　　　　　　　　　　）

> **Column**
>
> **家族で十分な話し合いを**
>
> 最近の法改正で、本人が臓器提供を希望していたか不明の場合は、家族の同意だけで臓器提供が可能になりました。また、臓器提供・献体は家族の同意が必要なので、あらかじめ話し合っておきましょう。

相談するメンバー

　兄弟姉妹やおじ、おばなど、ひとりでも相談するメンバーが漏れていたとすると、後に「私は聞いていなかった」とトラブルのもとになります。大事なことは誰と相談したらいいのか、あらかじめメンバーを聞いておきましょう。

名前：　　　　　　　　　　　（続柄　　　）　電話：

名前：　　　　　　　　　　　（続柄　　　）　電話：

名前：　　　　　　　　　　　（続柄　　　）　電話：

名前：　　　　　　　　　　　（続柄　　　）　電話：

Memo

財産管理ができなくなったら どうしたらいい?

> 成年後見制度を知っておくと遠距離でも安心!!

親について「物忘れが多くなった」「高齢のためお金の管理が心配」と思うようになったら、国が定める制度の利用を考えてみましょう。財産管理のサポートをする成年後見制度のほかにも、便利な制度があります。

1. 市区町村の社会福祉協議会に相談しよう

ホームヘルプサービスや配食サービスといった福祉サービスの利用をはじめ、日常生活上さまざまな契約をする時があります。契約の判断ができなくなり、預金の出し入れやお金の管理が親ひとりでできるか心配という時は、市区町村にある社会福祉協議会(社協)に相談してみましょう。社協とは、住み慣れた地域で生活するための支援をする組織。その社協が実施している「日常生活自立支援制度」を知っておくといざという時に役立ちます。

「日常生活自立支援制度」は…

こんな時に使える
- 福祉サービスを使いたいがどうすればいいかわからない
- 介護保険関係の書類がたくさんくるけれど、どう手続きしていいかわからない
- 計画的にお金を使いたいけれど、いつも不安
- 物忘れが多くて預金通帳をちゃんとしまったか、いつも心配　など

> 社会福祉協議会の「生活支援員」が相談に乗ってくれる

援助内容
① 福祉サービスの利用時など情報の提供、相談、申し込み、契約の代行
② 病院への医療費の支払い手続き
③ 年金や福祉手当の受領に必要な手続き
④ 税金や社会保険料、電気・ガス・水道等の公共料金の支払い手続き
⑤ 日用品購入の代金支払いの手続き
⑥ 預金の出し入れ、預金解約の手続き
⑦ 住宅のリフォームや賃貸に関する情報提供、相談
⑧ 商品購入に関するクーリング・オフ制度等の手続き
⑨ 大切な通帳や証書などの保管　　など

> **利用料金**
> ①福祉サービス利用時の手続き代行など　1回1時間につき1000円程度
> ②公共料金の支払い、生活費の引き出しなど金銭管理サービスは1回1時間につき、1000円程度
> ③預貯金の通帳など大切な書類を預かるサービスは1カ月1000円程度
> ※料金は市区町村の社会福祉協議会によって異なる

利用までの流れ

社会福祉協議会と契約できるだけの判断能力がなくなった場合には、「成年後見制度」につないでくれる

社会福祉協議会の場所

住所 _____

電話 _____

担当者 _____

相談したいこと

　日常生活の中で、どんなことに支障をきたしているのか、具体的な出来事を書き出してみましょう。

_____
_____
_____
_____
_____
_____
_____

2. 成年後見制度とは

成年後見制度には「2つ」の制度があり、本人の判断能力がある間にあらかじめ「後見人」を選んでおく「任意後見」と、認知症などで本人の判断能力が不十分になった時に申請する「法定後見」があります。

判断能力があれば「任意後見」

離れて暮らす親の財産管理などは、本人の判断能力があるうちに「任意後見」の利用を考えましょう。

任意後見人に頼めること
- 委任者の「財産管理」……………… 金融機関や不動産会社などと取り引きができる、預金通帳なども預かってもらえる
- 委任者の「介護や生活面の手配」… 生活必需品などを買いそろえてもらえる

任意後見人に頼めないこと
- 委任者への介護行為 ………… 食事の世話や介護はできない
- 保証人の引き受け …………… 賃貸契約や入院時の保証人にはなれない
- 委任者への医療行為の同意 … 手術や治療などの医療同意はできない

制度利用までの流れ

社会福祉協議会あるいは市区町村の自治体で相談する

「成年後見制度について知りたい」「利用したい時はどうすればいいのか」などと、市区町村役場の代表番号に電話をかけると、社会福祉協議会など適切な部署につないでくれる。そこで、ひと通り何が必要なのか、手続きの進め方などを教わることができる

↓

後見人を選ぶ

↓

公証役場で公正証書を作り契約する

報酬や援助の内容を話し合う
公正証書作成の基本手数料1万1000円、
登記委託手数料1400円、印紙代2600円ほか

↓

親の判断能力が低下したら……

↓

家庭裁判所に行く

本人や配偶者などが任意後見監督人選任を申し立てる
（収入印紙、郵便切手代がかかる）ほか

↓

家庭裁判所が監督人を選ぶ

↓

受任者が後見人として活動する

（後に後見人への報酬がかかる）

判断能力が不十分になったら「法定後見」

　判断能力によって「後見」「保佐」「補助」の3つに分かれていて、家庭裁判所によって選ばれた「後見人」「保佐人」「補助人」が本人に代わって手続きなどを代行します。任意後見と同じく食事の世話や介護は頼めません。

制度利用までの流れ

　　後見人の候補者を考える
　　　　↓
　　必要書類をそろえる
　　　　↓
　　　　家庭裁判所のウェブサイトでダウンロードできる
　　　　ほかに戸籍謄本、住民票、医師の診断書などが必要
　　　　↓
　　家庭裁判所に申し立てる
　　　　↓
　　　　収入印紙（800〜2400円）ほか
　　　　郵便切手（3000〜5000円程度）
　　　　↓
　　審判手続きをする
　　　　↓
　　　　書類の審査、面接、本人の調査
　　　　親族への紹介
　　　　判断能力の鑑定（3〜10万円）
　　　　　→ 1〜4カ月ほどで結果が出る
　　　　↓
　　家庭裁判所が後見人を決めて援助の内容が決まる

（後に後見人の報酬がかかる）

Column

後見人はどう選ぶ？

任意後見人は家族や友人、司法書士や社会福祉士などがなるケースが一般的です。法定後見人は家庭裁判所への手続きが煩雑なので、司法書士や弁護士、社会福祉士など、専門家にまかせたほうが安心です。「誰にお願いしたらいいのかわからない」という時こそ、自治体に相談しましょう。専門の窓口につないでくれて、一から相談に乗ってくれます。

Memo

突然のエンディングでも慌てない!!

> 計画をしっかり立てておけば出費は最小限に!

　生前にお葬式の予約をしている場合は、葬儀会社の連絡先なども記入しておきましょう。今は8割が病院で亡くなり、その後、自宅に戻ってきますが、マンションなど集合住宅ではストレッチャーがエレベーターに入らないため、自宅に戻れないケースがあります。そんな時は、葬儀場の安置場所を利用することになります。

葬儀会社と生前契約をしているか

　病院で亡くなった後、霊柩車で遺体を運ばなければなりません。葬儀会社と生前契約をしていれば、葬儀会社の車で運べるのでスムーズに行きます。契約をしていない場合でも、病院内に業者がいて手配できることもありますが、料金が高くなるケースがありますので注意が必要です。

業者名　　　　　　　　　　　連絡先
担当者

葬儀会社や会場

- ☐ 特に考えていない
- ☐ 会員になっている（業者名　　　　　　　　　　　　　　　）
- ☐ 会員にはなっていないが希望する葬儀社がある
    （業者名　　　　　　　　　連絡先　　　　　　　　　　　）
- ☐ 会員にはなっていないが希望する会場がある
    （業者名　　　　　　　　　連絡先　　　　　　　　　　　）

Memo
....
....
....
....

Part 5　もし「その時」が来たら

どんなお葬式がしたいか

- ☐ 友人・知人が参列する一般的な葬式をしてほしい
- ☐ 親戚だけの葬儀（密葬）をしてほしい
- ☐ 親戚だけの葬儀（密葬）の後、友人を招いたお別れ会を開いてほしい
- ☐ 火葬だけでよい（葬儀は行ってほしくない）
- ☐ 家族に判断そのものをまかせる
- ☐ そのほか

_____

_____

宗教

- ☐ 仏教　（宗派　　　　　　　　　　　　　）
- ☐ キリスト教（宗派　　　　　　　　　　　）
- ☐ そのほかの宗教（　　　　　　　　　　　）
- ☐ 無宗教
- ☐ 家族に判断そのものをまかせる

菩提寺や特定の寺社・教会宗派を希望する場合

名称　　　　　　　　　　　担当者

住所　　　　　　　　　　　電話

Memo

....

....

....

....

....

....

....

....

....

....

喪主・施主

名前　　　　　　　　　　　　　連絡先

葬儀で使う写真

- ☐ 特に決めていない
- ☐ 家族に判断そのものをまかせる
- ☐ 使ってほしい写真がある（保管場所　　　　　　　　　　　　）

> スナップ写真を切り抜き背景を消す、または名簿などの顔写真でもOK。マイナンバーの写真を撮るついで、という方法もアリ!?

戒名

- ☐ 特に希望はない
- ☐ 標準的ランクの戒名をつけてほしい
- ☐ すでに用意してある（戒名　　　　　　　　　　　　　　　）
- ☐ 戒名はいらない

祭壇・供花

- ☐ 標準的なものでいい
- ☐ 家族に判断そのものをまかせる
- ☐ 生花祭壇　花の種類・色など
- ☐ 白木祭壇
- ☐ そのほかの祭壇の希望（　　　　　　　　　　　　）

Memo

Part 5　もし「その時」が来たら

葬儀で流す曲

- ☐ 特に希望はない
- ☐ 希望する曲がある
  （曲名　　　　　　　　　　　　　　　　）

棺の中に入れてほしい物

- ☐ 特に希望はない
- ☐ 次の物を入れてほしい（火葬できないものは不可）

_____　_____
_____　_____
_____　_____

棺に入る時の服装（死に装束）

- ☐ 標準的なものでいい　　☐ 和装　　☐ 洋装
- ☐ 着たいものがある

　　具体的に
_____

そのほかの要望や家族で話し合っておきたいこと

_____
_____
_____
_____

葬儀の費用

_____　円

Memo

....
....
....
....
....

> **Column**
>
> **想定外の出費に注意！**
> 葬儀を行う場合、費用に見積もっておかなければならない大事な項目は「飲食代」です。お通夜の席では焼香が済んだ後に、「精進落とし」と言って、別室で飲食をするケースがほとんどです。この時、お寿司やオードブル、ビールやジュースなどの飲み物代が意外とかかるので別途見積もっておきましょう。

用意しているお墓があるか

墓地の名称　＿＿＿＿＿＿＿＿＿＿＿＿＿＿＿＿＿＿＿＿＿＿＿＿＿＿＿

連絡先　　　＿＿＿＿＿＿＿＿＿＿＿＿＿＿＿＿＿＿＿＿＿＿＿＿＿＿＿

所在地　　　＿＿＿＿＿＿＿＿＿＿＿＿＿＿＿＿＿＿＿＿＿＿＿＿＿＿＿

墓地使用権者　＿＿＿＿＿＿＿＿＿＿＿＿＿＿＿＿＿＿＿＿＿＿＿＿＿＿＿

希望する墓について

- ☐ 先祖代々の墓がある　（場所　　　　　　　　　　　　）
- ☐ 新たに購入したい　　（場所　　　　　　　　　　　　）
- ☐ 永代供養墓に入りたい　（場所　　　　　　　　　　　　）
- ☐ 納骨堂に入りたい　　（場所　　　　　　　　　　　　）
- ☐ 樹木葬墓地に入りたい　（場所　　　　　　　　　　　　）
- ☐ 散骨してほしい　　　（場所　　　　　　　　　　　　）
- ☐ 自宅に置いてほしい　　☐ 家族に判断そのものをまかせる

> **Column**
>
> **ふるさとのお墓を守る方法**
> 遠くの実家にあるお墓の管理も大変になってきます。既存のお墓から遺骨を取り出し、新しいお墓に引っ越しさせる「改葬」や、お墓は残して遺骨を一部移す「分骨」などの方法があります。自分が入る時のことも考えて、ふるさとのお墓をどうするのか親と一緒に考えてみましょう。

Memo

> 財産がある時はしっかり話して
> 後でもめないように

遺言書の準備や相続について

　遺言書を作成しているのか、していないのか。作成している場合は作成している書面の種類などを確認しておきましょう。親族が遺言書の存在を知らないと、希望と異なる遺産分割協議をしてしまうことがあるので注意が必要です。

遺言書のあり・なし

☐ 遺言書を作成していない
☐ 遺言書を作成している
☐ 自筆証書遺言　　　　　　　☐ 公正証書遺言

遺言執行者

名前	続柄
住所	電話

依頼をしている専門家

事務所名	名前
住所	電話
依頼内容	

Column

相続のことを切り出すタイミング

親のどちらかが亡くなった時は、家族で相続について真剣に考えるタイミングです。ふだんはなかなか聞き出しにくい親の財産も確認しやすいのと、片方の親が残っている間の話し合いなら、きょうだい同士のもめ事も起こりにくいと思います。また、相続税関連の改正などのニュースも話を切り出すきっかけになります。

「そういえば、今度こうなるらしい」と、水を向けると「税金対策」ととらえてくれるでしょう。また、子の配偶者など法定相続人以外が相続に直接口をはさむと、たいていはモメるので、話し合いの席などでは、親の許可を得てから同席するようにしましょう。

法定相続人がわかる家系図

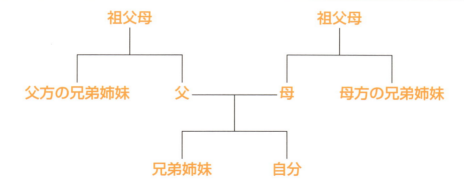

相続の順位

- 父または母が死んだ時、母または父が2分の1を相続し、残りの2分の1を、子どもが相続をする（子どもが2人いる時は、さらに2分の1）
- 父と母の片方がすでにいない時は、子ども4分の3、残りの4分の1を祖父母、祖父母がいない時は、親の兄弟姉妹が相続する

実際に相続する人を把握しておこう

父が死んだら

母が死んだら

Memo

> 大切にしているものを
> 形見分けすることもあります

私物の処分はどうする？

　パソコンのデータや写真、思い出の品物など、親の私物の処分方法は判断がつきません。親が大切にしている物は誰に形見分けするのかも含めて聞いておきましょう。

　ただし、洋服や装飾品は趣味や好みも違うので、かさばる物や保存場所を取る物は贈られる側が困ることも。そのあたりも十分考慮しながら聞きましょう。

形見分けしたい物

品物	保管場所
贈りたい相手	相手の連絡先
物にまつわるストーリー	

品物	保管場所
贈りたい相手	相手の連絡先
物にまつわるストーリー	

品物	保管場所
贈りたい相手	相手の連絡先
物にまつわるストーリー	

Column 故人のパソコンやSNSなどはどうする!?

日記や大切な家族のアルバム、洋服や本などはできるだけ生前、親自身で処分するようにお願いしておきましょう。処分の方法を聞いてしまうと、仮に「全部残してほしい」と言われてしまうと、受け取る人にかなりの負担がかかってしまうからです。パソコン内にある写真、ブログやSNSも処分に困っている遺族の話をよく聞きます。できるだけ閉鎖できるものは閉鎖してもらった上で、残しておきたいものに関しては万が一の時のために、IDとパスワードを聞いておく程度の準備をしておけばいいと思います。

Part 6

財産について
聞いておこう

親が亡くなると、悲しみにひたるまもなく葬儀を行いますが、その一方で区役所や金融機関への連絡、相続の手続きなどに忙殺されます。どんなことを行うのか。事前に知っておき備えておくと、失敗を最小限に食い止めることができます。

> フローチャートでおおまかな
> 流れを把握しておこう

親が亡くなったら何をする？

　親が亡くなってからは葬儀まではやることがたくさんあります。フローチャートでおおまかに流れを知っておき、準備をしておきましょう。

お葬式までのフローチャート

親が死去

- 医療機関・施設などで死去
- 自宅で死去
  - 主治医に連絡

↓

主治医から死亡診断書（死体検案書）を受け取る

↓

葬儀などをまかせる葬儀社を選択・決定する

↓

自治体に死亡届を提出し、火（埋）葬許可申請書を提出する

※葬儀会社が代行

↓

葬儀会社による遺体の搬送

- ・病院の紹介で葬儀会社を決める
- ・生前に契約している葬儀会社にまかせる

↓

- 自宅以外で安置
  - ・火葬場
  - ・葬儀会社
  - ・安置専用施設
- 自宅で安置

↓

通夜・告別式を行う

（火葬が終わってから初七日を行う場合もある）

↓

初七日、四十九日、納骨などの法要を行う

手続き関連のフローチャート

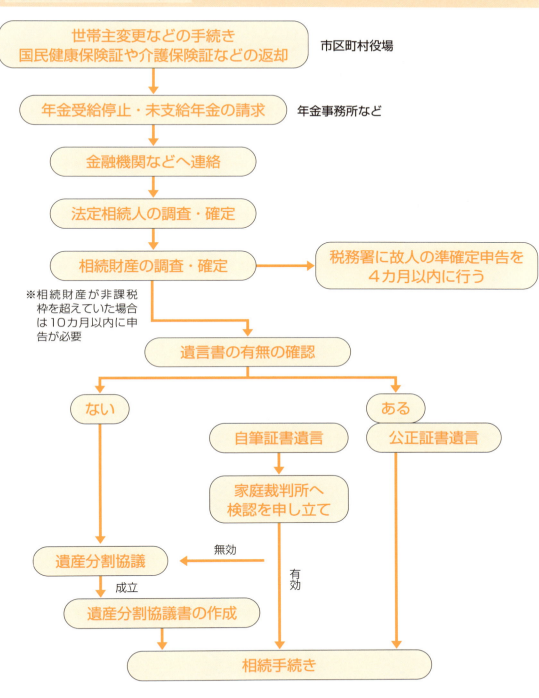

Column 手続きに必要なものを事前に確認

親が亡くなった後の手続き先は、市区町村の役所や年金事務所、金融機関とさまざまあります。忘れ物をしてしまい、手続きができなかったなどということがないように、事前に手続き先に電話で確認をしましょう。

死後の手続きを知っておこう

> 亡くなった後の煩雑な手続きでも混乱しないように！！

　親が亡くなった後、手続き関係で真っ先に行うのは、医師から受け取った「死亡届」を役所に提出して、「火葬・埋葬許可証」を受け取ること。これがなければ火葬ができません。ただし、葬儀会社を利用すれば担当者が家族に代わって手続きをしてくれます。家族しかできない手続きは、住民登録や公共料金、預貯金など資産の整理です。

役所での手続き

　家族が行う役所での手続きは主に「住民登録」、「国民健康保険」（国保の加入者の場合）、「年金」関係の3つがあります。役所に行けば手続きする窓口を案内してくれますが、事前に「何を持って行ったらいいのか」を聞いておくと二度手間にならないでしょう。

　また、自治体ではサービスの手続き方法や受け付ける窓口などが掲載されている『くらしの便利帳』などという名前の小冊子を各戸に配布しています。それらを参考に、どんな手続きが必要になるのか事前にチェックしておくと、わざわざ電話で聞かなくても済みます。

死亡届

手続きする内容	手続きに必要な物	ほか
死亡届	■死亡診断書 （医師が死亡届の死亡診断書欄に記入・押印したもの） ■届出人の印鑑	死亡を知った日から7日以内に、死亡者の本籍地、届出人の住所地、死亡した場所のいずれかの市区町村に届け出る

葬儀会社が代行してくれる場合もある

Memo

> 世帯主が変わる場合は手続きが必要

住民登録

手続きする内容	手続きに必要な物	ほか
■ 世帯主変更届（残る世帯員が2人以上の場合） ■ 世帯変更届	国民健康保険証など、届出人の本人確認ができるもの	■ 変更した日から14日以内に市区町村に届け出る ■ 印鑑登録証、マイナンバーの返却など

※住民票は死亡届を提出すると抹消されます。
※届出期限を過ぎると、5万円以下の過料に処せられる場合があります。

国民健康保険

　国民健康保険、後期高齢者医療保険の被保険者は、亡くなった後に自治体から葬祭費が支給されます。支給額は自治体によって異なりますが、だいたい1〜7万円です。

手続きする内容	手続きに必要な物	ほか
葬祭費の支給申請	■ 医療保険証 ■ 死亡診断書のコピー ■ 葬儀費用の領収書 ■ 口座振替依頼書 ■ 受取人名義の銀行口座 ■ 銀行口座の印鑑 ■ 手続きする人の身分証明書	■ 死亡日から2年以内に市区町村に手続きする ■ 介護保険証も同時に返却する

※健康保険の加入者は被保険者の勤務先を管轄する健康保険組合に尋ねましょう。

> **Column**
> ### 医療費の支払いや請求も忘れずに
> 亡くなるまで病院に入院していたら、医療費の支払いを忘れないように。また、高額療養費や高額療養・高額介護合算療養費制度の還付金がある場合は、受け取り方法についても確認を取りましょう。親の銀行口座が凍結される場合、引き出し方法なども銀行の窓口で聞くことを忘れずに。

Memo

Part 6　財産について聞いておこう

年金の手続きはどうする？

> 年金の種類によって手続きの窓口が異なるので注意！

　複雑な手続きが年金。親が加入している年金によって、手続きの窓口が役所の「国民年金課」、「年金事務所」と違ってくるので注意が必要です。

国民年金の場合

　親が年金をすでに受け取っている時は受給の中止を申請します。そして、遺された家族は「遺族基礎年金」「寡婦年金」「死亡一時金」のいずれかひとつを受給できますが、それぞれ受け取るための要件が設けられています。

　たとえば、「遺族基礎年金」は高校卒業年齢未満の子どもがいる配偶者、もしくは子どもが受けられます。「寡婦年金」は子どもがいない配偶者が受けられます。「死亡一時金」は、上記の場合以外の遺族が受給できます。故人が国民年金に3年以上加入し、老齢基礎年金・障害基礎年金を一度も受けたことがない場合、保険料を納めた期間に応じて1回支給されます。

手続きなどの相談　　自治体の国民年金課　　電話番号 _____

基本情報
　基礎年金番号 _____
　受給金額 _____
　年金の受取口座 _____

厚生年金の場合

　遺族は「遺族基礎年金」と「遺族厚生年金」が受給できます。遺族基礎年金は高校卒業年齢未満の子どもがいる妻、もしくは子どもが受け取れます。「遺族厚生年金」は、受け取る順位が配偶者、子、父母、孫、祖父母の順に決まっています。

手続きなどの相談
故人が在職中の場合……　勤務先か勤務先の管轄の年金事務所
　電話番号 _____

故人が退職している場合……**自宅の管轄の年金事務所**

電話番号

基本情報 受給金額

ほか

私的年金関係

　個人事業主が加入する「国民年金基金」や「小規模企業共済」、年金保険や企業年金、最近話題の確定拠出年金など、公的年金にプラスして「自分年金」を作っている人は増えています。それぞれ申請方法は異なるので、年金の番号や証書類などはひとつにまとめて、保管場所など、共通認識しておくことが大事です。

加入している年金

年金の種類	連絡先	備考
例）小規模企業共済	XXXX－XXXX	

転職していたら職歴も把握しておこう

在籍期間	会社名	在籍期間	会社名

Column

企業年金や私的年金もチェック！

　公務員や教職員が加入する共済年金は、2015年10月に厚生年金と一元化されました。企業年金は制度の改正で名称が変わっていることもありますので、親が何の年金に入っていたのかわからない時、勤めていた会社に聞いてみましょう。また、私的年金に加入している人も増えていますので、公的年金以外にも、何の年金に加入しているのか、もれなく記入しましょう。

Part 6　財産について聞いておこう

預貯金や自動引き落としも
チェックしておこう

> 亡くなった後は、現金を引き出せなくなります！

　口座を持っている金融機関を書き出して整理しましょう。また、その際に定期預金や債券などの金融商品ももれなく記入しましょう。最近は、通帳がないインターネットバンクを利用しているケースがあります。使っていない口座は解約するなど、少しずつ手続きを進めておくことをお勧めします。

1. 預貯金口座

金融機関		支店・店番号	
預貯金の種類	普通 / 定期 / その他	口座番号	
名義		備考	

金融機関		支店・店番号	
預貯金の種類	普通 / 定期 / その他	口座番号	
名義		備考	

金融機関		支店・店番号	
預貯金の種類	普通 / 定期 / その他	口座番号	
名義		備考	

金融機関		支店・店番号	
預貯金の種類	普通 / 定期 / その他	口座番号	
名義		備考	

金融機関		支店・店番号	
預貯金の種類	普通 / 定期 / その他	口座番号	
名義		備考	

金融機関		支店・店番号	
預貯金の種類	普通 / 定期 / その他	口座番号	
名義		備考	

2. 親が子に残しているお金

　子名義の預金やタンス預金など、親の名義以外にも残している財産はありませんか？　金額がわずかな時は忘れていることも。

銀行などの預金

　定期預金であれば半年に1度、銀行から「預金の状況」を報告する通知が届くことがあります。普通預金はその通知が来ないので、どこの銀行にいくら入金しているのか、把握するのは難しくなります。通帳を紛失してしまった時は親の記憶をたどってみましょう。

親の休眠口座を解約する方法

　同じ銀行であれば、どの支店からでも手続きはできますが、届出印がないと解約はできません。また、手続きを親に代わって代行する場合は、委任状などが必要になる場合があります。届出印がない場合は電話で必要な物を確認してから、手続きをすることになります。

> **＜重要＞親が亡くなった後、金融機関の口座の処分方法は？**
>
> 一般的に家族からの相続手続きの申し出で銀行口座は凍結されます。その前に、葬儀で必要な現金などはおろしておきましょう。一度、口座が凍結されてしまいますと、預金の一切を引き出すことはできなくなります。預金を親、自分の口座に移す時は、移す口座の番号や通帳などのほかに、相続人たちの同意書、戸籍謄本（原戸籍）などの書類が必要になります。同意書には、認め印ではなく、実印の押印が求められるので、実印を持っていない人は作る必要があります。金融機関によって手続きは異なります。

タンス預金など

貯金箱に500円を貯金しているケースなどがあります。また、デパートなどの金券や商品券、百貨店友の会などの会員になっているケースもあります。

> **Column　高額なお小遣いには税金がかかる**
>
> 親が亡くなった後に親の財産を相続すると相続税が、生前にもらったら贈与税がかかります。また、贈与税は1年間で110万円までは非課税になるので、相続税対策で親が子ども名義で、年間110万円以内で財産を移しているケースをみかけます。親子の間で、簡単な契約書を作っておくと、贈与と認められます。

3. 銀行口座からの自動引き落とし

　金融機関から自動引き落とし（口座自動振替）しているものを整理して、変更手続きの際に困らないようにしましょう。亡くなった後、銀行口座が凍結されると、自動引き落としができなくなるので注意が必要です。

引き落とし内容（水道光熱費）

項目 （会社名）	お客様番号など （問い合わせ先）	金融機関・支店名 口座番号	引落日	備考
例）電気料金 （東京電力　　　）	XXXX－XXXX 0120－XXXX－XXXX	○○銀行○○支店 XXXXXXX	毎月25日	
電気料金 （　　　　　　　）				
ガス料金 （　　　　　　　）				
水道料金 （　　　　　　　）				

Column: 公共料金の名義変更は早めに

水道光熱費は、毎月（水道料金は2カ月に1度）引き落としがあります。その際、使用量などが書かれた「お知らせ票」がポストに投函されていますので、それらを親からもらっておくといいでしょう。必ず「問い合わせ先」が書いてありますので、そこに連絡をして、名義変更などの手続きの方法を教えてもらうと、手続きは早く済みます。

Memo

引き落とし内容（通信費その他）

項目 （会社名）	お客様番号など （問い合わせ先）	金融機関・支店名 口座番号	引落日	備考
例）固定電話 （NTT東日本）	XXXX－XXXX 0120－XXXX－XXXX	○○銀行○○支店 XXXXXXX	毎月25日	
固定電話				
携帯電話				
プロバイダー				
NHK受信料				

> 牛乳や水、食材などの定期購入についても確認したい

Column: ほかに引き落とされているものは？

フィットネスクラブの料金やカード会社の年会費など、引き落とされている項目はほかにはないか、通帳から探してみましょう。クレジットカードで引き落としている項目は、カード会社から送られてくる明細書で確認して、すべての引き落としの項目を書き出しておくこと。そして、親が元気なうちに相談をして、使わない、不要なものについては、少しずつ解約しておくことです。

Part 6　財産について聞いておこう

Memo

不動産情報と有価証券など

> 相続税の対象になる財産のすべてを把握しておこう!!

　株や投資信託、プラチナ積立、ゴルフ会員権など、所有する金融資産について整理しておきましょう。

株式、投資信託、債券など　　ダウンロード

（記入例）

金融機関　A証券　　　　　　　　　支店名　B支店
口座番号　123456　　　　　　　　 名義　○○○○夫

銘柄	口数／株数	評価額	備考
例）A社	10000株	3,000,000円	購入時は270万円
例）個人向け国債		500,000円	償還日○年○月○日

評価額合計　　　　　　　　　　円（　　年　月　日現在）

金融機関　　　　　　　　　　　　　支店名
口座番号　　　　　　　　　　　　　名義

銘柄	口数／株数	評価額	備考

評価額合計　　　　　　　　　　円（　　年　月　日現在）

不動産

ダウンロード

マイホームや別荘など所有する不動産についても記入しましょう。

所有する物件

①
現住所
登記簿上の所在地
備考
物件名　□土地　□建物　□マンション　□田畑　□その他（　　　　　　）
用途　　□自宅　□別荘　□投資用　□その他（　　　　　　　　　）

②
現住所
登記簿上の所在地
備考
物件名　□土地　□建物　□マンション　□田畑　□その他（　　　　　　）
用途　　□自宅　□別荘　□投資用　□その他（　　　　　　　　　）

Column 知っておきたい持ち家のこと

介護や療養費のお金が足りないという時でも、消費者金融などから借りるのだけは止めましょう。「持ち家」を利用して介護の費用など工面できることがあります。

① リバースモーゲージ制度を利用する

自宅を担保に、金融機関などからお金を借りて、死んだ後にまとめて返済するという金融商品。自宅に住みながら、定期的にあるいは一括でお金を受け取ることができます。ただし、長生きすると再度担保を取られることもあるので、損得の計算はしっかりしましょう。

② マイホーム借り上げ制度

自宅を貸し出すことで、介護費用を捻出する方法もあります。それが、「マイホーム借り上げ制度」。一般社団法人移住・住みかえ支援機構（JTI）が運営して、日本に住宅を所有する50歳以上の人が利用できます。空室でもJTIから最低賃料が保証され、死ぬまで借り上げてくれるほか、契約更新時に再契約しなければ、自宅に戻ることも可能です。

Memo

Column: 遠い田舎の実家はどうする？ 知っておきたい処分の方法

生まれ育った実家は資産であるだけでなく、思い出がたくさんあります。だからといって、実家を相続してしまいますと、維持費・管理など、子どもに負担がかかる恐れがあります。遠方で空き家のままにしておく場合は注意が必要です。

実家を相続する時は、一般的に司法書士にお願いして相続登記の手続きを代行してもらいますが、その後、貸したらいいのか、売ったほうがいいのか。判断に困ったら、3つの方法のメリットとデメリットなどを判断材料にしてみましょう。

貸す場合

メリット…賃料の収入が入ります。人が住むことで家の傷みが少なくなり、防犯面でも安心です。

デメリット…固定資産税や不動産業者への仲介手数料、家屋の維持費がかかります。入居・退去をコントロールするのが難しくなり、賃貸契約の期間中は自分たちが部屋を使いたいと思っても、使うことができない場合があります。

売る場合

メリット…売却益が期待できます。固定資産税などの維持費がかからなくなるので、金銭的な負担がなくなります。

デメリット…都市部と違い田舎は売れにくいことがあります。希望する額に物件価格が届かない場合があり、損失を被ることもあります。隣との境界線があいまいな時は、測量の費用がかかります。

更地にして売る場合

メリット…売却益が期待できます。土地活用がしやすい。固定資産税などの維持費がかからなくなります。

デメリット…解体費用や不用品処分代、小規模宅地（200㎡以下）の固定資産税は、建物があった時と比べて6倍にも上がるので、売却するまでの費用面での負担が大きくなります。

Memo

保険　　　　　　　　　　　　　　　　　　　　ダウンロード

　生命保険、医療保険、火災保険、自動車保険など、契約しているすべての保険について記入しましょう。

生命保険

保険会社名	種類・商品名
担当者名	保険金額
連絡先	死亡　　　　　　　　　　円
契約者名	高度障害　　　　　　　　円
保険金受取人	医療保険　　　　　　　　円
証券番号	特約　　　　　　　　　　円
ほか	

自動車保険

	①	②	③
保険会社名			
保険の種類	□自賠責　□任意	□自賠責　□任意	□自賠責　□任意
証券番号			
車名			
登録番号			
保険期間			
車体番号			
連絡先・担当者			

損害保険など

保険の種類	保険会社	連絡先	備考

Column

生命保険の手続きは時間がかかる

　保険を解約する時、まず契約している保険会社に連絡します。書類が届いたら、病院に診断書を書いてもらいます（1万円ぐらいかかります）。書類を提出する時は、死亡保険の場合、除籍謄本や生命保険証書などをそろえ、状況によっては面談を行うこともあります。書類に不備がなければ死亡保険金が振り込まれます。ちなみに、死亡保険金は、法定相続人の数×500万円までは相続税がかかりません。

Part 6　財産について聞いておこう

負債・ローン

ダウンロード

　ローンを含めた借金のすべても相続の対象になります。借入金や知人の借金の保証人になった場合の保証債務も相続の対象になるので、相続人が知らないと借金まで相続することになり、後々トラブルにつながります。

借入金（住宅、教育、自動車など）

借入先	連絡先
借入日	借入金額と借入残高
返済期限	借入目的
契約書の保管場所	備考

クレジットカード

　クレジットカードを紛失した際の連絡先などを記入します。また、使わなくなったカードは解約しておきましょう。有効期限や暗証番号は不正使用を防ぐためにも書かないように。カード番号も記入するのは控えましょう。

カード会社	カード会社
（連絡先）	（連絡先）
カード会社	カード会社
（連絡先）	（連絡先）
カード会社	カード会社
（連絡先）	（連絡先）
カード会社	カード会社
（連絡先）	（連絡先）
カード会社	カード会社
（連絡先）	（連絡先）

きちんと解約しないと、年会費がずっと引き落としされることも！

Column　カードは自動的には解約されない？

　死亡した場合でもクレジットカードが自動的に解約されることはありません。引き落とし口座に残高がある限りは年会費が引き落とされます。銀行口座が凍結され引き落としができなかったら、カード会社から自宅に連絡がきます。後々面倒なことになる前に遺族が電話をして解約手続きをしたほうが無難です。また、ローンが残っていた場合、遺族が相続放棄をすれば、支払い義務はなくなります。

番外編

> 介護が始まっても自分を追い込まないで！

自分自身のために休みを取ろう

　レスパイトという言葉は、一時的中断、休息、息抜きを意味します。レスパイトケアとは、乳幼児や障害者、高齢者などの要介護者を在宅でケアしている家族が疲れて倒れないために休みを取ること。定期的に休みを取ってリフレッシュすることをお勧めします。

①ショートステイなどを上手に利用しよう

　特別養護老人ホームなどの施設に、短期間入所できる「ショートステイ」は食事や入浴などの日常生活の世話やリハビリなどを受けられます。要介護度に応じて利用できる日数は決まっていて、連続しての利用は要介護度5で30日以内と定められています。介護と仕事との両立や、親の世話だけでなく育児にも追われている人は、この「ショートステイ」を利用して、少し息抜きすることも大事です。

ほかの介護保険サービスを利用しなかった場合の利用日数の目安

要支援1	9〜10日
要支援2	17〜18日
要介護1	24〜27日
要介護2	24〜27日
要介護3	26〜28日
要介護4	30日
要介護5	30日

　自治体によって利用できる日数は異なります。ほかに、デイサービスやホームヘルプサービスを利用していると、1カ月に利用できる日数は2泊3日ぐらいが使える目安です。いつでも部屋に空きがあるわけではないので、「急に利用したい」と思っても利用できないこともあります。特に、年末年始やお盆、ゴールデンウィークなどは介護者自身が家族と出かけることが多く、ショートステイは混み合います。ケアマネジャーに「こんな時にショートステイを利用したい」と前もって伝えておくことが大事です。施設を初めて利用する時は、施設側と家族が面談をすることもあります。

Part 6　財産について聞いておこう

こんな時に利用してみましょう

- 子どもがインフルエンザにかかって寝込んでしまったので看病が必要になった
- 泊まりがけの出張が入り、介護ができない
- 心身ともに疲れてしまったので少し休みたい
- 親しい友人の結婚式に参加したい
- 自分の家庭と仕事に集中できる時間を月に一度はほしい
- 気分転換に旅行やコンサートなどに出かけたい
- とにかくリフレッシュしたい

　休みの時にたまった洗濯物を洗濯したり、掃除をしたりしてかえって疲れてしまった、という話もよく聞きます。親がショーステイに入った時は、とにかく身体と頭を休めるようにしましょう。

②家事は外注にまかせてもいい

　調理や洗濯、掃除など、お金はかかるかもしれませんが、民間の「家事支援サービス」にまかせて、その時間、自分の時間にあてることも必要です。「手抜きをしている」「ラクをしている」と罪悪感にかられる人も多いのですが、介護は子育てと違いゴールが見えません。手抜きをしながらやるくらいの気持ちでいるほうが長続きします。介護と看取りが来てもひとりで背負わないで、家族との間で役割を分担させながら、なるべく休むように心がけましょう。

> **Column**
>
> **介護はズボラでいい**
>
> 私自身、母の介護は9年目（2016年5月で）に入りましたが、ここ数年は自分が介護者であっても「介護をしている」とは思わなくなりました。それは〝ズボラ〟で手抜きし放題だからです。自宅で介護していた時は、ショートステイを1カ月で利用できる上限まで使い、ほかの介護サービスは利用しないケアプランを立ててもらいました。ショートステイに母が入っている間は、仕事に専念して、夜は飲み会にも参加することができました。その間、ケアハウスに申し込み、1年足らずで入所の順番が来ました。母は現在ケアハウスで暮らしています。私はなるべく施設に顔を出すようにしていますが、介護は施設のヘルパーさんたちが行ってくれているので、家族がやることといえば病院につれていくことや、日用品の買い物。そして話し相手です。世の中的にはまだ「親の介護はなるべく自分でやりたい」と思う方も多いのですが、「使えるサービスは使い倒す」くらいの気持ちでいたほうが、長続きするのではないか、と思います。

③ 法律でも保障されている休業制度を知ろう

　介護がスタートしたら、「会社を辞めなければならないのか」と思い込む人がたくさんいます。今、仕事と介護が両立できるような支援策を充実させている会社が増えています。自分の会社にはどんな制度があるのか、事前に知っておくと安心できます。親の状況によっては、介護の計画が変わることもあります。休暇をうまく活用して長い介護に備えましょう。

介護休業
対象家族1人につき、要介護状態に至るごとに1回、通算93日まで取得できる。2017年1月からは3回まで分割して取得できるようになる。

介護休暇
対象家族1人につき、年に5日まで、介護休業や有給休暇とは別に休暇を取得できる。2017年1月からは半日単位での取得が可能に。

短時間勤務等
事業主は、次の対策を講じることが義務づけられている。
　①短時間勤務（1日に6時間勤務などの短縮制度）
　②フレックスタイム制
　③始業・終業時刻の繰り上げ・繰り下げ
　④労働者が利用する介護サービス費用の助成そのほかこれに準ずる制度
介護休業と通算して93日の範囲内で取得可能であるが、2017年1月からは、介護休業とは別に、利用開始から3年の間で2回以上の利用が可能に。

残業の免除
2017年1月から介護が終わるまで残業が免除される。

Column　仕事との両立支援制度を調べておこう

法定以外の制度を設けている会社もあります。人事などに問い合わせてみて、会社独自の制度を確認しておきましょう。特に、在宅で仕事ができる制度や、就業時間の繰り上げ・繰り下げなどの制度を利用できると、仕事と介護の両立もしやすくなります。また、非正規社員で働く場合は、法定で定められた制度は利用できますが、会社の制度は利用できる対象なのか、あらためて確認をしておきましょう。

Memo

④介護の悩みはひとりで抱えない

「介護休業を取得したいと上司に相談したら、前例がないからダメと言われてしまった」「遅刻や早退ばかりしているので後ろめたい」「疲れたから自分をリセットしたい」、介護離職に追い込まれた人たちが共通して語っていることです。

「どうしよう」と思った時、ひとりで悩みを抱えていないで相談しましょう。
職場内に介護相談の窓口を設けている会社もあります。また、会社内に相談する場所がなくても、同じ立場で問題を考えてくれる介護者の会があります。

介護者の会には、認知症の家族を支える人たちが集う「認知症カフェ」、男性同士などが集う「男性介護者の会」、また独身の介護者の集まりなど、介護者の立場によってさまざまな会が登場しています。話をするうちに、解決の糸口が見つかってきますので、参加することをお勧めします。

いざという時に頼りになる「介護者支援団体」

NPO法人「介護者サポートネットワークセンター・アラジン」（東京都新宿区）

http://arajin-care.net/

公益財団法人「認知症の人と家族の会」（京都市上京区）

http://www.alzheimer.or.jp/

男性介護者と支援者の全国ネットワーク（京都市北区）

http://dansei-kaigo.jp/

Memo

著者紹介

一般社団法人 介護離職防止対策促進機構 アドバイザー／ジャーナリスト
村田くみ

会社員を経て1995年毎日新聞社入社。週刊誌「サンデー毎日」に所属し、主に経済、環境、介護問題に携わる。父親を看取り、現在は母親の介護をしながら、フリーライター、ジャーナリスト、ファイナンシャル・プランナー（AFP）として多くの週刊誌等で社会保障、介護、マネー関連の記事を執筆。2016年1月、一般社団法人介護離職防止対策促進機構のアドバイザーに就任。著書に『おひとりさま介護』（河出書房新社）。

一般社団法人 介護離職防止対策促進機構

2016年1月、介護経験者が中心となって「介護しながら働くことが当たり前」の社会を作るために設立。行政・企業・個人に向けた介護離職防止の啓発と、仕事と介護の両立ノウハウを広く発信。両立支援の取り組み事例を発表するシンポジウムの開催や介護離職防止対策アドバイザーの養成などにも取り組んでいる。

URL http://www.kaigorishoku.or.jp/

- ブックデザイン　小口翔平＋上坊菜々子（tobufune）
- DTP　　　　　　株式会社シンクス

書き込み式！
親の入院・介護・亡くなった時に備えておく情報ノート

2016年11月28日　初版第1刷発行

著　者　　村田 くみ（むらた・くみ）
発行人　　佐々木 幹夫
発行所　　株式会社 翔泳社（http://www.shoeisha.co.jp）
印刷・製本　株式会社 廣済堂

©2016 Kumi Murata

本書は著作権法上の保護を受けています。本書の一部または全部について、株式会社翔泳社から文書による許諾を得ずに、いかなる方法においても無断で複写、複製することは禁じられています。
本書のお問い合わせについては、2ページに記載の内容をお読みください。
乱丁・落丁はお取り替えいたします。03-5362-3705までご連絡ください。

ISBN978-4-7981-4916-5　　　　　　　　　Printed in Japan